AF586154

LYON AFFLIGÉ DE CONTAGION,

OV

NARRÉ DE CE QVI S'EST PASSÉ DE PLVS MEMORABLE EN CESTE VILLE, DEPUIS LE MOIS D'AOUST DE L'AN 1628. IUSQUES AU MOIS D'OCTOBRE DE L'AN 1629.

Par le P. IEAN GRILLOT, *de la Compagnie de* IESVS.

A LYON,
Chez FRANÇOIS DE LA BOTTIERE, en ruë Merciere.

M. DC. XXIX.

AVEC PRIVILEGE DV ROY.

AVX LYONNOIS.

IE vous offre à tous indiffe-remment ce narré de vos maux passez; parce qu'il n'y a persõne d'entre vous, qui n'aye ressenty quelque effect de l'extreme calamité où vostre ville a esté plongée, durant six mois: les maux particuliers touchent seulement ceux qui en sont affligez: les accidens estranges plaisent grandement aux esprits curieux: mais quand les euenements memorables sont propres à ceux qui en lisent le narré, il n'y a nulle doute qu'ils n'en reçoiuent vn singulier plaisir: d'autant que le sou-

souuenir d'vn malheur faict naistre en nos ames vne aigreur, qui est attrempée de ie ne sçay quelle sorte de douceur; & d'ailleurs les biens ne paroissent grands, que par l'opposition de leurs contraires: Ainsi les peuples ne sauourent pas la paix, & la douceur du repos de l'Estat, qu'apres auoir esté trauaillez de longues & continuelles guerres: le laboureur ne souhaitte auec passion la beauté du Printemps, qu'apres les rigueurs d'vn Hyuer aspre, & violant. Les moissonneurs de la Palestine & de l'Egypte ne remercioient Dieu de la rosée fresche, qu'apres les ardeurs intolerables, qu'on souffre és païs du Midy. Si les delices ne sont entremeslées d'amertume, elles deuiennent en fin ennuyeuses; ou parce que les plaisir ne ſont que les remedes de nos incommoditez, ou parce que nous ſommes moins ſenſibles au bien, (comme conforme à noſtre nature) qu'au mal, qui tend à ſa deſtructiō, & rompt ſon harmonie : outre ce, comme on ne cognoiſt les grands threſors de l'eſpargne ineſpuiſable d'vn Prince, que par les deſpenſes exceſſiues qu'il fait aux guerres, aux baſtimens magnifiques, & aux autres largeſſes, & profuſions extraordinaires; auſſi ne peut-on mieux iuger de la grandeur d'vne Ville, du nombre de ſes habitans, du courage, induſtrie & zele de ſes Citoyens, que par les malheurs extraordinaires qui leur arriuent : Et auſſi toute la Frāce a recogneu qu'en effect vne partie de ſon bien, ou de ſon mal eſtoit attachée inſeparablement à voſtre bon-heur, ou malheur: D'abondant ceux qui ont quelque goust en l'histoire Ecclesiastique, auront remarqué que les grandes Heresies n'ont iamais commẽcé, ny finy qu'auec des mortalitez extremes: C'est d'autant que les maux sensibles ne sont que les fruicts des pechez enormes; & que Dieu veut imprimer ceste creance aux hommes, que les rebellions contre l'Eglise, sa saincte Espouse, sont tousiours suiuies de chastimens rigoureux; comme l'on voit ordinairement que les maladies aiguës, ne se terminent que par les sueurs, les foiblesses & les douleurs des malades; que les infections de l'air ne se nettoyent que par la violence des vents. L'Heresie de Caluin en sa naissance auoit excité de grandes guerres, des pestes & famines; quelle

mer

merueille donc que la fin ſoit ſembla-ble au cõmencement? Noſtre HERCVLE GAVLOIS *luy a donné vn coup mortel en la prinſe de la Rochelle; ſon cadavre eſt eſtendu au bord de l'Ocean; ſe faut-il donc eſtonner ſi elle infecte l'air de vapeurs peſtilentes? Courage Lyonnois, nous pouuõs nous promettre auec quelque aſſeurance que bien-toſt ce grand Dieu, qui a touſiours ſecondé le courage & les deſſeins de noſtre victorieux Monarque, rendra non ſeulemẽt à ceſte Ville ſa beauté, & ſon opulence: mais auſſi à toute la France l'Eſtat heureux où elle eſtoit auant la naiſſance de l'Hereſie ſoubs Louis XII. qui fut qualifié pour ſes eminentes vertus,* Pere de la Patrie, l'amour & les delices des François. *Mais ſi nous continuons d'im-*

d'importuner le Ciel par nos prieres, nous aurons cest aduantage par dessus ceux qui viuoient en ce temps-là, que nous verrons bien tost naistre vn Dauphin à nostre grand LOVIS, qui le rendra entierement heureux, & incomparable en toutes sortes de biens & de gloire : c'est ce que ie desire auec autant d'ardeur, que ie suis,

Vostre tres-humble, & tres-affectionné seruiteur, IEAN GRILLOT, de la Compagnie de IESVS.

CHAPITRE PREMIER.

Pourquoy l'on lit auec contentement les maux qu'on a soufferts.

IL n'y a nul homme, quelque brutal ou ambitieux qu'il soit, qui desire que la nature fasse esclorre des monstres au lieu de sa naissance, pour auoir subjet de les combattre, & en suitte de rendre des preuues visibles de son courage, & de la passion qu'il a pour le bien public: mais si par quelque malheur, ou par le courroux de Dieu, iustement irrité, il arriue par fois que le païs en soit incommodé, les esprits mesmes les plus debonnaires, & innocens, prennent vn singulier plaisir à les voir mener en triomphe, & porter en montre par ceux qui les ont domptez : Les Magiſtrats font appendre leurs deſpoüilles au lambris des Temples, comme vn monument glorieux de la vaillance & induſtrie de leurs Concitoiens: qui à dire le vray, ſont d'autant plus illuſtres en l'eſprit des Sages, qu'il leur a fallu ſouffrir de plus grands trauaux, pour vaincre ces furieux ennemis de la nature humaine : à raiſon dequoy l'on depute certaines perſonnes pour faire voir aux eſtrangers leurs images affreuſes, & les induire par ces ſpectacles, à prendre part au bon-heur de ceux qui en ont eſté deliurez, & auoir en grande eſtime ceux qui ont ſi courageuſement expoſé leurs vies pour affrãchir leur patrie d'vn mal extreme, dont elle eſtoit menacée. Le contentement qui naiſt d'vn bon-heur extraordinaire, s'eſtend à vne quantité de perſonnes, & de lieux; puis qu'il eſt propre, & comme naturel au bien de ſe reſpãdre : c'eſt luy rauir ce qu'il qu'il a de plus excellent de luy prescrire des limites; c'est effacer toute sa beauté, que d'empescher qu'il ne iette son esclat. Et comme ainsi soit que la deliurance d'vn mal fasse de plus grandes impressions sur nos cœurs, que la possession du bien ; il n'y a nulle doute que les hommes ne soient plus sensibles à la ioye, qui est l'effect d'vn malheur repoussé, qu'au contentement d'vn bien qui n'a esté trauersé d'aucun obstacle : ioinct que c'est vne marque asseurée d'vn courage inuincible, ou d'vne faueur extraordinaire de Dieu, de soustenir l'effort d'vn ennemy forcené, & le contraindre à rendre les armes. Or il n'y a rien de plus doux aux grands hommes, que les tesmoignages illustres de leur vaillance, & de l'amitié de Dieu enuers eux : aussi de tout temps la loy receüe par le commun consentement des hommes, publiée par la voix de la Nature, ordonne qu'on transmette à la posterité les noms de ceux

ceux qui n'ont espargné, ny leurs biens, ny leurs vies, pour conseruer leur patrie, pour aller au deuant des calamitez publiques, ou en empescher l'accroissement, & le progrez. Dauantage nous auons tous de l'inclination à entendre le narré des choses funestes, tragiques, & effroyables; mesmement si elles nous touchent en quelque sorte, si nos amis, nos parents, nos voisins en ont esté accueillis, si elles ont ietté de la crainte en nos cœurs, si nous auons esté recous du feu, cõme des tisons à demy bruslez, le recit nous en est d'autant plus agreable que le mal a esté plus grand, & le danger plus certain & ineuitable: c'est d'autant que les plaisirs ne sont que les remedes des douleurs, qui nous oppressent, & la ioye que la diminution & le soulagement de la tristesse qui accable nos esprits. Toutes ces considerations me font esperer qu'on entendra volontiers le narré de tout ce qui s'est passé

en

en cette Ville depuis vn an en çà; que Dieu pour la chastier, mais non pas la perdre, luy a donné vn coup de verge si rude, qu'on ne void rien au cours des siecles passez, & parmy les anciennes Histoires de plus memorable; soit qu'on iette les yeux sur le commencement, & le progrez de la maladie, ou qu'on en pese les effects, les accidents, & les particularitez; ou bien qu'on se represente les exemples illustres de vertu qu'on y a pratiquez, & des crimes qui s'y sont commis; ou qu'en fin l'on considere les merueilles, voire les miracles qui y sont arriuez. De sorte que par cette lecture les Lyonnois prendront subjet de remercier Dieu infiniment de sa iustice, à les chastier auec moderatiõ, & de sa misericorde, à se laisser flechir à leurs prieres, & retirer sa main de dessus leur Ville. Les estrangers apprendront cõme quoy il faut recourir à Dieu, remedier à semblables accidens, s'opposer genereuse-

ment

ment au malheur pour en retarder le cours, empeſcher le deſordre qui naiſt de l'apprehenſion exceſſiue de la mort, quand vne ville, ou vn païs eſt affligé de la contagion. Et certes Sainct Ambroiſe fait conſiſter tout le fruict que peut recueillir vn bon Chreſtien des exercices de pieté, à ſe fortifier contre les rudes attaques de nos ennemis, au dernier combat qu'il nous faut rendre ſur le poinct de la ſeparation de l'ame auec le corps; d'autant que toute noſtre vie n'eſt qu'vne imitation, ou vn apprentiſſage de la mort, que l'on ſe rend comme familiere, & domeſtique en la regardant de prés, & conſiderant ſes appareils, ſes inſtruments, & tout ce qu'elle a de plus eſpouuantable.

CHAPITRE II.

Pourquoy ce mal eſt incurable en apparence.

IL ne ſera pas hors de propos de recercher exactement les cauſes qui rendent la contagion, cõme incurable, que i'ay remarquées dans les Paradoxes d'vn excellent Medecin, qui viuoit il y a prés de ſoixante ans, en vn temps que la France fut extremement affligée de peſte. Donc, comme ainſi ſoit que Dieu chaſtie les hommes par la rigueur de ce mal ; il faut auoüer que comme il en eſt l'autheur par l'entremiſe des Miniſtres de ſa Iuſtice, qu'auſſi il ne permet pas que nous acquerions vne parfaite cognoiſſance des remedes propres à le guerir ; Et puis cette maladie ſe reſpandant par le ſouffle de ceux qui en ſont atteints, & par l'air qui en eſt infecté,

fecté, quelle merueille que les effects, & les proprietez en soient si extraordinaires? D'où il arriue encor que comme chacun craint d'en estre frappé, les malades demeurent souuent destituez de tout secours, ou si l'on leur donne quelque assistance, c'est auec beaucoup de manquemant; ioint qu'on les contraint de se retirer en des cabanes, exposées aux injures du temps, pour deliurer les maisons, & les villes de danger; & toutesfois le souuerain & vnique remede de cette maladie, est de suer au commencement, & pour cet effect estre en vn lieu bien chaud, où le malade puisse estre essuyé & frotté, iusques à ce que tout le venin soit sorti du corps. D'ailleurs, les malades dissimulent leur mal, & le cachent durant deux, ou trois iours, d'où vient qu'on n'y remedie pas promptement par les sueurs; ainsi le venin ayant corrompu la masse du sang, & s'estant emparé des parties nobles,

c'est

c'eſt en vain qu'on s'efforce d'y apporter quelque remede: pour la meſme raiſon ce ſçauant Medecin que i'ay allegué tient pour tout aſſeuré que la ſaignée & les medecines purgatiues & acres, ſont tout à fait inutiles & preiudiciables pendant les trois ou quatre premiers iours, & à dire le vray, vn grãd nombre de ceux à qui on a tiré du ſang ſont morts bien toſt apres; encor que quelques vns par bon-heur en ſoyent eſchappez; parce que les maximes des Medecins ne ſont iamais ſi generales qu'elles ne ſouffrent quelque exception; mais vn cas particulier ne doit pas renuerſer vne verité commune & fondamentale; Il faut donc tenir pour principe infaillible que la ſueur & les breuages propres à l'exciter ſont les plus certains & meilleurs remedes, comme ie l'ay ſouuent remarqué au cours de ce mal. Le premier iour de l'an deux freres Boulangers ſe ſentans frappez au meſme lieu, & à la mesme heure, le plus ieune se mit incontinent dans son four, qui estoit encor tout chaud, & ayant ietté si grande quãtité de sueur qu'il en estoit tout trempé, fut bien-tost guery ; l'autre qui n'vsa pas de ce remede mourut le cinquiesme de sa maladie. A toutes ces causes l'on peut adiouster, qu'en temps de contagion l'on est contraint de se seruir de ieunes Chirurgiens, temeraires & ignorans, qui n'ont point d'autre intention que de gaigner quelque piece d'argent, & d'apprendre leur mestier au despens du malade, sans sçauoir si la qualité venimeuse, est seulement és esprits, ou en toute la substance du corps, sãs auoir esgard aux symptomes & semblables accidens ; les saignent à toutes heures indifferemment, outre qu'ils ne les visitent que rarement ; & toutesfois la presence & methode à chasque pestiferé en particulier est requise, & faut donner les antidotes à iours & heures

certai

certaines par plusieurs fois reïterez. En fin comme parmy le trouble, la crainte, & le desordre, les aduis & les conseils sont precipitez, il n'est nullement possible que les euenemens en soyent heureux : de sorte que si quelqu'vn en guerit, il le faut plustost attribuer à sa bonne fortune, c'est à dire, à vne particuliere prouidence de Dieu en son endroit, qu'aux medicamens & à la cure des Chirurgiens ; encor qu'il ne les faille pas mespriser ny obmettre, parce que Dieu les a donnez aux hommes pour s'en seruir au besoin. Pour closture de ce Chapitre, il faut sçauoir qu'il y a deux sortes de pestes, parlant generalement ; la premiere est appellée simple, qui est vne chaleur contre nature, dont l'origine ne procede ny des elemẽs, ny de leurs qualitez, ny des humeurs, mais d'vne qualité occulte, & venimeuse, attachée aux esprits qui en sont enuenimez ; dont plusieurs ont esté atteints, & n'en sont

 pas

pas morts comme il m'est arriué: l'autre est composée, qui est vne chaleur estrange & excessiue, qui ne prouient ny des elemens, ny des humeurs; mais d'vne qualité speciale, contagieuse, & venant d'en haut, qui ne reside pas seulement és esprits, mais en toute la masse du sang qu'elle altere & corrompt, voire infecte les habits, les liures, & autres meubles.

CHAPITRE III.

De l'origine du mal.

LEs embrazemens qui desolent par fois entierement les grandes villes, commencent par les lieux incogneus, & s'attachent premierement au plus bas estage des maisons, & puis la flamme portée par vn vent impetueux, s'esleue tantost en haut, ores se reiette en bas, comme me vn tourbillon violent, & en fin s'estend par tous les quartiers, auec tant de vitesse que le mal preuient tous les remedes. En moins de quinze iours la maladie s'enflamma si fort en ceste Ville, qu'il est bien mal-aisé de dire au vray, par où elle commença, comme quoy elle s'espandit en tant de ruës si eslognées, & passa de sainct Nisier à sainct George, presque en mesme iour, quelque diligence qu'on fist pour en retarder le cours; de sorte que les plus excellens Medecins se treuuent bien empeschez à en rendre raison, & esclaircir les causes de l'extreme dégast qu'elle fit: veu que l'air n'estoit point corrompu; qu'en mesme temps la ville capitale du Royaume, qui est incomparablement plus peuplée que Lyon en fut atteinte, mais sans grande incommodité; qu'on ne peut pas attribuer ceste desolation à quelque constellation de maligne influence, puisque les lieux voisins où elle euſt causé les meſmes effects en eſtoient tout à fait exempts ; & n'en ont eſté accueillis que ſur le commencement du mois d'Auril : d'ailleurs durant tout le temps, que nous fuſmes ſi exceſſiuement affligez, le Ciel eſtoit beau & ſerein, la Bize ſouffloit ſans violence, il n'y auoit point de cherté extraordinaire, le commerce auoit ceſsé, & en ſuitte la conuerſation n'eſtoit ny ſi frequente, ny ſi dangereuſe. Il faut donc aduoüer, que c'eſt vn coup de la main vengereſſe de Dieu, & vn effect des Miniſtres de ſa iuſtice, qui peuuent ſans difficulté changer la conſtitution des corps, alterer les humeurs, corrompre la maſſe du ſang, eſleuer des vapeurs peſtilentes, & faire naiſtre toute ſorte de maladies, & incommoditez parmy les hommes: auſſi la peſte n'eſt qu'vne vapeur contagieuſe, & mortelle, dont ordinairement la cauſe eſt ſuperieure, & inconnuë : Il ne faut pas toutesfois nier que les diſpoſitions natu naturelles des corps mal affectés n'y ayẽt grandement contribué; mesmement la bile excessiue, & enflammée, qui en estoit comme l'element, & le sujet : l'indiscretion de la populace, à se practiquer trop librement les vns les autres, la mauuaise nourriture de ceux qui estoiẽt incommodez, & semblables occasions: d'autant que les creatures pour releuées, & aduantageusement qualifiées qu'elles soyent, ne peuuent nullement agir sur les corps, que par l'entremise des causes secondes, qui sont susceptibles de tout ce que les bons, ou mauuais Anges y veulent imprimer; d'auantage comme ceux qui sont tombez au milieu d'vne place, iettent les yeux de tous costez, pour treuuer quelque pierre, ou quelque bois qui leur serue de pretexte pour se iustifier, au lieu qu'il en faut attribuer toute la cause à leur resuerie, & extrauagance, ou à la pesanteur de leur corps : aussi les malheurs des grandes villes n'ont point volontiers d'autre origine, ny de principe, que leur grande eſtenduë, que la quantité prodigieuſe des habitans, que les crimes & les horreurs qu'on y commet, qui contraignēt Dieu à les chaſtier rigoureuſement, donner main-leuée à la contagion, à la guerre, à la famine, & aux mortalitez, qui ſecondent ſa cholere iuſtement alumée contre les pecheurs. Les hommes de haute taille donnent aiſément priſe à leurs ennemis, & ſe laiſſent enferrer de leurs armes, d'autant plus facilement qu'ils ſont plus viſibles, & plus eſtendus: de meſme les embrazements, & les contagions joüent leurs jeux, ſur les theatres des bonnes villes, auec plus de pompe, & d'eſclat qu'és petits lieux, comme les orages furieux réuerſent les cheſnes, & laiſſent entiers le thim & la marjolaine : Dieu ne greſle pas ſur le percil, il tonne ſur les Cedres du Liban, la tempeſte pardonne ſouuent aux eſquifs, & briſe

brise les gros vaisseaux : Cependant il n'y a nul doute, que la maladie n'aye pris sa naissance en vn village esloigné d'enuirõ demy lieuë de ceste ville, qu'on appelle Vaux, qui est marescageux, & en suitte plus exposé à la contagion, que les Soldats en passant y porterent; de là elle se respandit au faux-bourg de l'Esguillottiere, d'où en fin, comme l'on dit, elle passa dans la ville, & commença aupres de sainct Nisier, où l'on vendit quelques hardes, & meubles infectez. Aussi tost que les Magistrats furent aduertis du danger qui les menaçoit, l'on fit des deffences tresexpresses de laisser entrer ceux qui venoient de Vaux, l'on mit des gardes aux portes, pour ce mesme subjet, l'on deputa des Chirurgiẽs pour visiter ceux qu'on soupçonnoit d'estre atteints, l'on ferma leurs maisons, on y apposa le seau. En fin on vsa de toute la diligence qu'on peût apporter pour aller au deuant de ſemblables accidens : mais icy il faut confeſſer franchement, que nos preuoyances ſont courtes, & nos conſeils ſans effet, quand Dieu veut punir nos pechez ; l'on ne ſe peut oppoſer à ſes deſſeins, il aueugle les ſages, il affoiblit les plus puiſſans, il rend inutiles tous nos appareils, nos antidotes, & nos remedes ; vne qualité venimeuſe, attachée à l'habit d'vn Soldat, a fait vn ſi grand rauage, que ceux qui ne l'ont pas veu, auront bien de peine à le croire; mais ce que ie raconteray eſt atteſté de trop de gens pour le mettre en doute: & certes tous les maux qui ont deſolé iadis l'vniuers, ont preſque eu des commencemens aſſez foibles ; vn coffret d'or treuué en Perſe ſous l'Empire d'Antonin le Philoſophe, ayant eſté ouuert, exhala vne vapeur ſi relente, & ſi mortelle qu'en peu de mois, elle infecta tout l'Orient, & puis toutes les cõtrées du monde, auec tant de dommage, que la troi

ſieſme

ſiesme partie des hommes en mourut. Dieu ſe joüe de nous quand il luy plait; il ſçait bien rabattre les pointes de noſtre orgueil, & nous immoler aux plus petits eſclaues,& ſatellites de ſa maiſon, pour nous apprendre à nous ſouſmettre à ſes Loix, reuerer ſes Ordonnances, & tenir bride aux mouuemens qui nous emportent au delà du deuoir, & de la raiſon.

CHAPITRE IV.

Progrez du mal, & la face deplorable de la ville.

LA foudre qui ſort d'vne nuée, qu'elle a forcée auec grand bruit, ne touche qu'vne perſonne, mais en eſtonne pluſieurs; la maladie s'eſtant priſe en quelques maiſons, ietta tant de frayeur és cœurs du peuple, & fit vn tel changemẽt parmy

parmy les habitans de toute ſorte d
condition, d'aage & de ſexe, que le
marques de leur detreſſe paroiſſoiẽt vi
ſiblement ſur leurs faces, tãt ils eſtoien
agitez de crainte:Les vns couroient au
Apothicaires pour s'armer des preſerua
tifs : les autres trouſſoient bagage pou
s'enfuïr en leur metairies, & ſe mettre
couuert de l'orage chez leurs amis, o
parens: pluſieurs fermoyent leurs bou
tiques, auec reſolution d'attendre que
ſeroit l'euenement du mal : de ce nom
bre quelques vns furent extrememen
incommodez, ne leur eſtãt permis d'en
trer dans les villes ou villages, dont le
habitans leur refuſoient l'entrée, & l'a
bord; & par fois à coups de pierres, &
de baſtons à feu, tant l'apprehenſion d
ce mal change les hommes les plus ci
uils, & les rend cruels, & inexorable
iuſques là qu'vn Prelat de grande qua
lité, qui auoit paſſé par Lyon, fut
eſtrangement perſecuté en ſon Dioceſ
qu

que les Païſans l'empeſcherent de camper dans leur terroir, apres luy auoir refusé ce qui eſtoit neceſſaire pour faire ſon chemin. Pour ceſte meſme raiſon vne bonne partie de ceux qui ſortirent ſur la fin de Septembre, ou plus tard, furent contrains de retourner, le paſſage leur eſtant fermé : d'autres moururent accablez de miſeres, au milieu des champs : Il s'en trouua qui ſe ietterent dans des barques, & demeurerent quelques mois ſur le Rhoſne & ſur la Saone, pour s'eſloigner de toute ſorte de conuerſation: i'ay appris de l'vn d'iceux, que ſon amy l'ayant quitté pour r'entrer en ſa maiſon fut incontinent touché : mais que pour luy il s'eſtoit conſerué, prés de trois mois dans vn batteau, en ſe nourriſſant fort bien, ſelõ ſa qualité ; car tous les iours il alloit à Montlueil achepter des œufs frais, des poules, & poulets ; en quoy certes il ne philoſophoit pas mal ; car apres l'eſlognement, la bonne nourriture,

riture, eſt le meilleur antidote en ce mal
d'où vient qu'il eſt mort peu de gens de
qualité, en comparaiſon de ce grand
nombre de populace, que la maladie a
emporté: mais ce diſcours eſt d'vn autre
lieu. Cependant Meſſieurs les Notables
s'aſſemblent, eſliſent des Commiſſaires
de la Santé, pour empeſcher les deſor-
dres, les ſeditions & troubles, qui arriuent ordinairement en ſemblables accidens, auec vn tres-ample pouuoir de vie
& de mort, pour s'aquitter de ceſte charge ſi importante, pour reprimer l'audace de ceux qui font leur intereſt de
malheur public, meſmement d'vne
trouppe de la lie du peuple, qui ſous le
nom d'Engraiſſeurs, auoient pris reſolution de voler les maiſons des riches
& les magaſins de ceux qui s'eſtoient
retirez aux champs: mais dans moins
de quinze iours ceſte tourbe confuſe fut
fauchée par la fureur du mal qui s'allu-
moit d'heure en heure. Meſſieurs de la
Santé

Santé font incontinent preparer l'Hospital de Sainct Laurens, commandant qu'on y porte ceux qui seroient frappez, & que toute la famille fit quarantaine au Bruteau d'Esnay; ils gagent des Chirurgiens, des Medecins, & autres Officiers pour seruir les malades, & pouruoir aux necessitez des pauures, font dresser promptement des cabanes, pour receuoir ceux qui estoient infects, publient quantité de belles Ordonnances, pour empescher la conuersation des sains auec ceux qui estoient suspects; & toutesfois le mal s'alloit tellemēt espandant, qu'en moins de dix iours au commencement de Septembre tout fut perdu: comme il arriue en vn embrazement, que quand on esteint la flamme d'vn costé, elle se prend à l'autre; & en vn orage, quand les mariniers vuident l'eau à la proüe, la pouppe se remplit: de façon qu'il falut permettre à qui voudroit de demeurer en sa maison: aussi

aussi vit-ont l'Hospital si fort peuplé de ceux qui y abordoient à chasque moment, que non seulement les chambres estoient pleines, mais la cour, & les jardins tous couuerts de ces pauures gens couchez les vns sur les autres, exposez aux iniures de l'air, accablez de faim, & de douleurs si cuisantes, que ce spectacle eust arraché les larmes des plus barbares & insensibles. Les Hospitaliers ne pouuoiēt suffire à mener les morts, & les malades, à enterrer les corps, & à conduire les chariots, ny les Officiers de Messieurs les Commissaires, à porter des drogues, du pain, du vin, & de viande aux affligez : au reste ceux qui sembloient estre imprenables, à raison de leur forte constitution, estoient les premiers atteints, & si mal traictez de la rigueur du mal, qu'en peu d'heures ils tomboient en frenesie, & rendoient l'ame auant que se pouuoir mettre au lict, & quitter leurs habits: on en a veu tomber

ber morts au milieu des places, qui estoient sortis de leurs maisons bien sains en apparence, comme il arriua à vn maistre Maçon, qui en se moquant, voulut porter au nez, vn peu de ceste graisse venimeuse qu'on auoit trouué sur vne porte. Ce fut pour lors que le peuple saisi d'vn profond estonnement, marchoit par la Ville, les yeux baissez, le Chapellet en main, la face pasle & deteinte, la douleur grauée sur le front: En ce mesme temps l'on brusloit quantité de geneure, & de semblables parfums dedans & dehors les maisons; & ceux qui au commencement du mal prenoient plaisir à regarder les chariots chargez de corps, & à conter les cabanes du Bruteau, changerent bien de ton, & d'accent, & commencerent d'apprehender le malheur qu'ils auoiét mespri-sé. L'on n'entendoit par toute la Ville que semblables paroles, nous sommes perdus, nous mourrons tous bien-tost, la volonté de Dieu ſoit faicte ; Pauure Ville ſi opulante,& ſi belle,en quel eſtat t'ont reduit les crimes de tes habitans? L'on en a veû qui ayãt ouy la clochette du chariot,furent ſi fort eſtonnez qu'ils s'en mirent au lict, & en moururent: Vne femme d'honneſte cõdition, ayant ouy le Predicateur qui publioit la Proceſſion, & les Prieres publiques pour la ſanté de la Ville, fut ſaiſie d'vne ſi viue apprehenſion,qu'elle tomba en vne fieure peſtilente, dont elle mourut trois iours apres; Et certes durant tout le mois de Septembre, Octobre, & Nouembre la face de la Ville eſtoit ſi hideuſe,qu'elle rempliſſoit d'horreur & de compaſſion ceux qui la conſideroient: peu de gens marchoient par les ruës le viſage couuert de leurs manteaux, des petites boites de parfums en main,qu'ils portoient au nez, & la bouche; tous ſe tenoient indifferemment pour ſuſpects les vns les autres,quelques parens,

oy

ou amis qu'ils fussent ; mais quand on voyoit les Hospitaliers, ou les Religieux deputez pour assister les malades, parez de leurs soutanes de treillis, la baguette blanche en vne main, & le Crucifix en l'autre, les plus courageux changeoient de couleur, & leur quittoient la place en s'esloignant d'eux. Ceux que la necessité cõtraignoit de venir à la Ville, couroient à toute bride, comme si l'ennemy les eust suyui de prés, auec vn danger euident de tomber sur le paué, & de rencontrer la mort, en euitant la Peste. La plus grande partie des habitans demeuroit enfermée dans les chambres, & regardoient des fenestres, ou à trauers les entes des boutiques ceux qui passoient: ay trauersé toute la ruë Merciere, sans encontrer personne, que les Hospitaers & les morts, tãt la desolation estoit rande : l'on treuuoit à chasque pas des orps au deuant des maisons, & au mieu des ruës, couuerts d'vn linge, ou dans leurs habits ; cinq ou ſix chariots rouloient ſans ceſſe, & deux ou trois bateaux,& s'il n'eſtoit pas aiſé de les auoir à temps Nous en treuuions en meſme lict trois & quatre , dont l'vn rendoit l'ame , l'autre eſtoit furieux , le dernier aſſoupy d'vn profond sõmeil;voire preſque ordinairement pour aborder les malades , il faloit paſſer au milieu des morts, comme il m'arriua en la premiere maiſon où ie fus appellé , pour confeſſer vne femme, dont le mary eſtoit eſtendu aupres de la porte. Pour comble de malheur , l'on fit courir le bruit que le Chef des rebelles n'eſtoit pas loing , qu'il vouloit ſurprendre la Ville & ſe preualoir de l'occaſion,d'où il arriua que pluſieurs furent frappez au Corps de garde , & en vne nuict , de quarante qu'ils eſtoient, il y en eut vingt qui prirent le mal. C'eſt ainſi qu'au meſme endroit de Mer où les vaiſſeaux ſe ioüent ils ſont en vn moment engloutis par les flot flots. Qui eust peû regarder sans auoir le cœur attendri de compassion, en vne mesme chambre le mary aux abois, sa femme qui l'auoit serui mal menée des douleurs violentes du mal ; vne pauure fille desia frappée se trainer à toute peine, pour ouurir la porte au Confesseur iusques-là que souuent ceux qui nous venoient appeller n'estoient pas moins incõmodez que les malades mesmes ; & maintefois en entrãt nous ne treuuions que des morts, dans les licts & chãbres, au lieu des malades? Si la misere eust esté moindre, elle nous eust fait fondre en larmes: mais les malheurs extremes ostẽt les ressentimens, que causent les maux ordinaires ; & puis Dieu nous fortifioit pour continuer auec courage l'exercice que nous pratiquions; en fin la longueur des miseres, endurcit les plus foibles, & les rend comme insensibles au mal. Ainsi il arriua que les femmes qui au commencement ne pouuoient entendre la clochette du chariot, ſur le mois de Decembre ne s'eſtonnoient plus de rien, & regardoient la mort comme vne choſe indifferente : comme celle qui au milieu de la ruë ſe vantoit à ſes compagnes d'auoir couſu ſon pere, ſa mere, ſon mary, & ſes enfans. Pour finir ce Chapitre, i'adiouſte qu'il ne ſe faut pas figurer qu'on mouruſt ſeulement aux ruës mal percées, & aux maiſons eſtroites, où l'air eſt enfermé, veu que le mal eſtoit plus cruel aux collines, aux jardins de plaiſance, aux lieux les plus aërez, & expoſez à la Bize, comme à ſainct Iuſt, à ſainct Sebaſtien, au Griffon, en la ruë Neret, en belle Cour, où il n'y a point eu de maiſons exemptes, que celles où il ne s'eſt treuué perſonne ; voire tel ſe portoit bien à la Ville, qui fut frappé à ſa maiſon des champs, pour auoir changé d'air ; d'où vint ceſte façon de parler qui auoit cours parmy la populace ; Si Dieu ne nous conſerue par ſa faueur

ſpecia

ſpeciale, quoy que nous faſſions nous ſommes perdus: Il eſt bien gardé qui eſt en ſa protectiõ, il ne faut ſonger qu'à l'ame, & à l'autre vie. C'eſt ainſi (dit ſainct Auguſtin) que celuy qui a faict naufrage, ne s'attache pas au plomb, & au fer, mais à quelque table du debris, pour ſe ſauuer des flots, & de l'orage; auſſi fautil recourir à la Croix, quand nous ſommes menacez d'vne furieuſe tempeſte, d'vne perte irreparable; Il n'y a qu'vn ſeul remede, qui eſt de s'adreſſer à Dieu, par prieres, & penitence, pour implorer ſon ſecours: ceſte maxime fut practiquée par pluſieurs, qui y ont trouué le ſalut de l'ame, & la ſanté du corps.

CHAPITRE V.

Quelques accidens eſtranges.

L'On dit que quand il tonne, & que la foudre tombe, il y a des lieux où les pierres precieuſes ſe forment, mais en eſchange, le vin, & ſemblables liqueurs ſe corrompent, les animaux auortent, les perles ſe fleſtriſſent dans leurs huitres. Parmy la violence, & le cours du mal, il y a eu quantité de perſonnes qui ont rendu des preuues illuſtres de leurs vertus heroïques, que ie raconteray en ſon lieu; maintenant ie me propoſe de faire voir quelques effets extraordinaires d'vne malice noire, ou certes des accidens eſtranges arriuez par la permiſſion de Dieu, comme marques infaillibles de ſon courroux enflammé. Sur le milieu de Septembre, l'on s'apperceut qu'on engraiſſoit les portes, & les habits d'vne ſorte d'onguent ſi extremement puant, qu'on n'en pouuoit ſouffrir l'odeur : En noſtre Eſgliſe de ſainct Ioſeph, le Sacriſtain s'eſtonnoit durant trois ou quatre iours qu'il y ſentit ſi fort mal, ſans en pouuoir deſcouurir la cauſe : en fin vne chienne bleſſée d'vn coup de pierre, s'eſtant jettée ſous les bancs,

comme

comme l'on s'efforçoit de la faire ſortir, l'on y vid vne maſſe de ceſte graiſſe, qu'vn de nos amis Apoticaire voulut faire bruſler ; mais comme la fumée en eſtoit intollerable, il changea d'aduis, & la fit enterrer en vne foſſe bien profonde. Le peuple ſurprit quelques vns de ces engraiſſeurs qu'il aſſomma ſur la place : il eſt vray que i'ay appris qu'en la chaleur de la cholere il y auoit eu quelques innocens maſſacrez, comme celuy qui portant vne chandelle en main qui couloit ſur ſes habits, & ſur ſes mains fut accuſé comme engraiſſeur & tué deuant ſa maiſon par la fureur de la populace, qui en ſemblables accidens laſche les renes à la cholere ſans diſcerner les fautes apparentes, des vrais crimes. L'on aſſeure auſſi qu'au faux-bourg de l'Eſguillottiere, l'on contraignit vn certain, ſoupçonné de donner du poiſon, au lieu de potions cordiales, de boire le breuuage qu'il auoit faict pour vn malade, & qu'il en mourut bien-tost apres. Au mesme temps durant la nuict & mesme de iour l'on fit grand nombre de voleries, sous pretexte d'enleuer les corps morts: l'on rompoit les coffres, l'on ostoit les bagues & joyaux aux trespassez, sans espargner mesmes leurs linges & leurs habits; à raison de quoy les Commissaires defendoiét d'enterrer, ou d'emporter les morts pendant la nuict. I'en ay veû qui s'affligerent si excessiuement de ce que leurs compagnons leur auoiét desrobé des grosses sommes d'argent, qu'à leur dire ils auoient treuué, qu'il n'y eut aucun moyẽ de tirer autres paroles d'eux; sinon, i'ay perdu ma fortune, ils mont ruiné; bon Dieu que iestois heureux,& en fin mouroient parmy ces plaintes inutiles. Ie ne sçay à quoy attribuer ce que ie vay dire; nous en auons veû parmy les morts, cousus dans des linceuls, qui donnoient des signes euidens de vie, en estendant les bras

bras, & l'on sçait qu'il y en a encor aujourd'huy deux en pleine santé, dõt l'vn a esté porté au Bruteau, & demeuré dix heures entieres entre les corps, que la nuict suruenãte auoit empesché de jetter dans la fosse; l'autre par l'importunité des voisins fut retiré d'entre les mains de l'Hospitalier, porté dãs sa chãbre, par le moyen de quelques boüillons qu'on luy donna, recouura ses forces: vn troisiéme, lõg temps apres fit tous ses efforts pour empescher que le Corbeau ne l'enleuast, & le jettast sur le chariot; mais en vain, parce qu'il auoit perdu la parole: si les domestiques y auoient contribué, c'est vne insigne cruauté; si les Hospitaliers l'auoient fait par mesgarde, c'est vne brutalité qui leur estoit assés ordinaire: aussi est-il à presumer que plusieurs ont esté enterrez tous vifs dans les jardins & sur les rempars: d'autres traictez comme pestiferez, qui n'auoient que quelque petite fieure, ou semblable

incom

incommodité ; & mesme pour ne pas perdre l'occasion du chariot qui passoit, l'on y iettoit les malades auant qu'ils fussent morts, ou pendant qu'ils estoient en quelque pasmoison , ordinaire en ceste maladie. Ce qui suit est digne de compassion : Vn graueur, assés cognu en ceste Ville , apprehendant qu'on ne le mist tout nud dans le charriot, se cousit luy-mesme dans son linceul iusques au col, prenant pour consolation ce qu'en autre temps seroit tenu pour vne extreme misere. Nous auons souuent esté appellez pour voir des personnes qui estoient en l'agonie depuis trois iours: d'autresfois nous auons rencontré des petits enfans qui crioiẽt aupres de leurs meres mortes, tourmentez de faim & de soif; & vn iour comme les enterreurs enleuoient la mere morte , l'enfant de son costé s'efforçoit auec ses mains de la retenir ; & comme souuent il ne se treuuoit personne qui eust courage de leur donner

donner la mammelle, ils mouroient de misere. Ie ne puis garder nul ordre au recit de tant d'euenemẽs tragiques; Vne femme frenetique se jetta dans vn puits, dont vn de nos Peres, assisté de quelques voisins, la retira auec beaucoup de peine: Vne fille retournant du Bruteau, dont la faim l'auoit chassée, se voyant rebutée de son maistre, apres s'estre presentée à sa porte, entra en telle rage, que de ce pas elle courut au Rhosne & s'y precipita. Il est mal aisé de determiner le nombre des petits enfans qui sont morts sans Baptesme, encor que les Cõfesseurs en ayent ondoyez quelques vns, d'autant que quantité de femmes enceintes furent atteintes du mal, qui se blessoient incontinent qu'elles estoient frappées. En ce subjet la charité d'vne bonne & Sage-femme a paru extraordinairement, qui portée de zele, comme elle s'apperceuoit que les enfans donnoient quelque signe de vie, les faisoit incon incontinent baptizer : il faut croire que Dieu la recompensera d'vne faueur plus grande, sans comparaison, qu'il ne fit celles d'Egypte tant renommées en la saincte Escriture. Qui se pourroit persuader que parmy tous ces malheurs il y aye eu des esprits desnaturez, qui triomphoient de la calamité publique, comme celuy qui suiuoit le charriot le panache sur le chappeau, en dansant,& chantant à pleine teste, & donna subject à vn honneste homme de s'en scandaliser, & de dire en cholere, si c'estoit à moy à faire, ce maraut seroit puny cõme il merite. L'on a accusé quelques Chirurgiens d'auoir couché des appareils empoisonnez sur les playes des malades, à qui il s'estoient faict donner des legats, pour verifier le prouerbe ancien: que celuy-là n'est pas sage qui fait heritier son Medecin. Ie ne m'arresteray pas à deduire les artifices, les fraudes, les friponneries dont on a vsé pour extorquer

des

des malades leurs biens, falſifier les Teſtamens, retenir les depoſts; mais ſur tout les horreurs qu'on a commiſes au ſujet de l'impudicité, qui ont eſté ſi abominables, que le ſeul recit feroit fremir ceux qui ont l'ame & l'oreille chaſte; & c'eſt ce qui me confirme en la creance que i'ay, qu'il y auoit des demons de fornication, & de larrecin, à qui Dieu auoit donné main-leuée, pour tyranniſes les pecheurs qui ſe rendoiẽt ſuſceptibles de leurs impreſſions: Auſſi auons nous veu quantité de perſonnes furieuſement trauaillées d'illuſions, & de ſpectres, des maiſons infeſtées de viſions, & de bruits effroyables, ce qui arriue ordinairement apres les grandes mortalitez, comme l'ont remarqué les Hiſtoriens, tant Saincts que profanes. En ruë Neufue, vne femme qui eſtoit en ſon bõ ſens, ſur la mi-nuict fut portée au milieu de la ruë du ſecond ou troiſiéme eſtage de ſa maiſon, les portes eſtans bien fermeés, mées, & les clefs en vne chambre basse sans sçauoir comme quoy cela estoi arriué, ainsi qu'elle me le protesta le lendemain. Il y a eu des morts qui ont demeuré huict iours entiers dans les chambres : de sorte qu'on a esté contraint d les y enterrer dans la chaux viue, de peu qu'en les remuans, on infectast toute l maison & le voisinage, parce que souuent toute la famille mouroit presqu en mesme temps ; ainsi il ne restoit personne qui en peust aduertir, pour donner ordre à leur sepulture : d'autres on esté enseuelis dans l'eau, comme ceu qui se perdirent auec vn bateau charg de morts & de malades dans la Saon Vn bon vieillard accablé d'âge, de foiblesse, & d'affliction, asseura vn de no Peres, qu'il auoit fait appeller pour confesser son fils, que c'estoit le dixiesme d ses enfans qu'il alloit enseuelir de s mains propres, & que pour luy il esto desia frappé, & se disposoit à mourir

dernie

dernier, apres auoir veu toute ſa famille finir deuant ſes yeux : au reſte qu'il remercioit ſon bon Dieu de ce qu'ils eſtoient tous morts en bons Chreſtiens; qu'encor qu'il euſt eſté bien trompé en ſon attente, toutesfois que ny ſa creance, ny ſa conſtance n'en eſtoit nullement eſbranlée, & qu'il offroit tous ſes enfans treſpaſſez à Dieu comme des victimes agreables pour obtenir de luy la remiſſion de ſes pechez : ô combien puiſſante eſt la grace du Ciel à vne ame bien diſpoſée ! il n'y a que le verger de la Religion Chreſtienne, qui porte de ſi beaux fruicts : en vne meſme Ville les meſchans prennent ſujet d'vne eſtrange calamité, d'augmenter leurs crimes, & les bons d'accroiſtre leurs merites; Cõme ſous vn meſme preſſoir, dit ſainct Auguſtin, l'on voit d'vn coſté la lie, ou le marc, de l'autre l'huile, ou le vin couler à gros randons; & vn meſme mouuement fait exhaler des odeurs aggreables aux parfums precieux, & des vapeurs pestilentes aux bourbiers & eaux corrompuës. En fin, pour comble de tant d'estranges spectacles, l'on m'a dit que sur la fin de Ianuier, on treuua au Bruteau six, ou sept corps, que les corbeaux & autres oyseaux de carnage auoyent à demy mangez ; que sur la nuict l'on voyoit venir les chats en trouppe, attirez par l'odeur des cadavres, que par plusieurs iours vn chien de monstrueuse grandeur fut apperceu qui grattoit la terre pour descouurir les morts, & quelque effort qu'on fist, on ne le peut atteindre, ny le frapper ; qu'on entendoit au riuage de delà le Rhosne des loups qui hurloyent effroyablement : Toutes ces choses sont des indices violents des malheurs extremes, & de la cholere de Dieu, irrité contre les crimes enormes des hommes, qu'il veut estonner par semblables prodiges, messagers, & auant-coureurs de ses chastimens, s'ils s'ils ne les preuiennent par leur penitence.

CHAPITRE VI.

Quelques euenemens plaisans.

TOVT ce qui se passe au monde de plus serieux, n'est à dire le vray qu'vn spectacle, où les biens & les maux ioüent leur roole successiuement, & souuent font leur personnage au mesme temps, & sur le mesme theatre : La souueraine & pure ioye ne se retreuue qu'és Cieux, l'extreme tristesse ne se rencontre qu'au centre du monde, où Dieu chastie rigoureusement ses ennemis : mais en terre il y a tousiours du meslange, du doux, & de l'amer ; il y a vne vicissitude perpetuelle de douleurs, & de plaisirs, qui font balancer les esprits des hommes, tantost d'vn costé, tantost d'vn autre. I'ay souuent fait ceste considera-tion, en regardant nos hospitaliers, qui conduisoient les morts & les malades dans les batteaux au son des haut-bois, qui se licencioient à toute sorte de railleries, & d'insolences, en faisant les fosses, & enterrans les corps; qui portoient sur la mesme charrette, des morts, des malades, des coqs-d'Inde, des espaules de mouton, & des flascons de vin, qui se marioient & mouroient presque en mesme iour; car sur la fin de Decembre l'on fit quantité de mariages, mais enuiron la feste des Roys, la nouuelle Lune, & le vent de Midy ayant r'allumé le mal, tous ces nouueaux mariez seruirent de victime à la mort : cependant l'on m'a asseuré, qu'il y a encor auiourd'huy vne femme en vie, qui a eu cinq ou six maris durant le mal, & les a tous enseuelis. Vn Couppeur de bourse ayant esté pris sur le faict en la place de S. Nisier, fut assommé par le peuple comme engraisseur,

ſeur, criant, & proteſtãt parmy les coups qu'on luy donnoit, qu'il eſtoit à la verité Couppeur de bourſe, & larron; mais non pas engraiſſeur. Ie fus vn iour bien eſtonné lors que toute la Ville n'eſtoit qu'vn ſpectacle d'horreur, de voir vn enfant de dix, ou douze ans, qui ſuiuoit le chariot, la teſte nuë, & la poictrine deſcouuerte, chantant, dançant, & ſautant, comme s'il euſt accompagné quelque triomphe, & qu'il euſt eſté de la feſte : Ainſi lors que les plus courageux ſe deſtournoient de vingt pas pour ne pas faire ceſte rencontre, vn petit garçon défioit la mort, & ſe mocquoit de ſa rage, & de tout ſon appareil; & certes ſi ce meſpris fuſt prouenu d'vne forte conſideration, ie l'euſſe iugé auſſi ſage qu'heureux. Si eſt-ce que nous pouuons apprendre de ceſte action, que l'horreur extreme, qu'ont les hommes de la mort depend autant de l'opinion, que de la verité; qu'il eſt en noſtre pouuoir, de

 l'appre

l'apprehender plus, ou moins, & de nous fortifier contre ses attaques, quelque rudes qu'elles soient en apparence ; mais ie reprens mon discours : Ie vis au mesme temps en belle Cour, vn ieune homme de vingt ans, d'vne complexion forte & robuste, qui se prenant par les costez, le chappeau sur l'oreille, vn pied en l'air, comme transporté d'vn contentement indicible, se mit à chanter en me regardant, puis s'arrestant tout court; C'est ainsi, dit-il, que tous les matins ie chantois, & me resiouïssois à S. Laurens, quand i'enterrois les morts; ie n'en sçaurois dire le nombre: ainsi il faisoit vanité de ce que les plus sages apprehendent, cõme l'opprobre, & la flestrisseure de leur honneur ; tant il y a de difference entre les sentimens, & les humeurs des hommes. Vn Artisan ayant pris du vin auec excez, sur le soir, troublé des fumées, se met en deuoir de retourner en sa maison; mais les vapeurs luy montans

tans au cerueau en quãtité, & accablé du ſommeil s'endort, & ſe couche au milieu de la ruë : les hoſpitaliers qui paſſoient pour lors, croyans qu'il fuſt mort, le iettent ſur le charriot pour le mener au Bruteau, & l'y enterrer : mais apres auoir demeuré long temps entre les morts, il s'eſueille, commence à ouurir les yeux, s'eſtonne de ſe voir ſur le poinct d'eſtre inhumé tout vif; de ſorte que ſaiſi d'vne extreme apprehenſion, il prend la fuitte, & ſe retire tout eſperdu, racontant à ſes domeſtiques ce qui luy eſtoit arriué : Vn autre de pareille eſtoffe, le iour qu'on fit les feux de ioye de la priſe de la Rochelle, apres s'eſtre enyuré, tomba aupres des boutiques de ſainct Niſier; tout le monde creut qu'il eſtoit frappé, & que les forces luy auoyẽt manqué; I'arriue au meſme temps, & m'eſtant enquis du ſujet de ceſte aſſemblée, ie m'approche pour voir s'il ſeroit capable d'abſolution; auſſi toſt qu'il me

 vid,

vid, il commença à dresser les mains au ciel, à me regarder d'vn œil estincellant, à battre sa poictrine, & faire tous ses efforts pour se releuer ; cependant l'on aduertit sa fille, qui vendoit quelques fruicts sur la place ; elle y accourt toute esplorée, auec grands cris & lamentations ; En fin, quelqu'vn de la trouppe se prenant garde qu'il auoit la face toute enflammée, me dit que le vin l'auoit frappé, & non pas la peste, ce qui se treuua vray. Vne autre fois aupres de la porte du Rhosne, vn ieune Suisse de haute taille, & de fort bonne mine, chargé d'vn gros flascon, m'ayant apperceu me cria en langue Latine. Voicy l'antidote, & le remede souuerain contre la peste. En frappãt sa bouteille: ie creus que ceste occasion me pouuoit seruir de diuertissement, & m'approchant ie luy repliquay ; Ie vous asseure mon grand amy, que c'est plustost du venin & du poison, qu'vn remede contre le mal : luy grandement

dement estonné me repart, que me dites-vous mon Pere, que le vin soit du venin; il est bien mal-aisé de le persuader, ny à moy, ny à mes compagnons; Cependant quelques iours apres i'en vis vn au Bruteau qui luy ressembloit fort, si extrememenṭ furieux, qu'il le falloit lier de chaisnes de fer pour l'arrester: Et certes puis que la bile allumée est l'element de ceste furie, qui doute que le vin n'en soit l'aliment, quand on en vse auec excez? Ce qui suit n'est pas moins aduantageux à celuy à qui il arriua, que plaisant & aggreable. Vn ieune homme de dix-huict ans ou enuiron, fils d'vn Marchand de la Pretenduë, se sentant frappé, se fit porter en la maison d'vn Catholique, où ses gardes luy remonstrerent le danger dont il estoit menasé de se perdre, s'il mouroit en son erreur; comme il estoit d'assez bon naturel, il fut touché si viuement de leurs bons aduis, qu'à l'heure mesme on appelle vn de nos Peres, à qui il fit vne bonne & saincte Confession, apres auoir abjuré son heresie : Cependant son pere qui n'estoit pas loing de la Ville, aduerty du mal de son fils, & transporté d'vn zele reformé, le vient treuuer pour l'exhorter à mourir constamment en sa Religion; mais Dieu ayant permis qu'vn peu deuāt l'enfant tombast en frenesie, il se figuroit que son pere qui luy parloit estoit son Pere Confesseur, & par vne ambiguité plaisante, en l'appellant son Pere, luy respondoit qu'il estoit entierement resolu de mourir en la Foy qu'il luy auoit enseignée, qu'il croyoit d'estre en la vraye Religion, qu'il ne s'oublieroit pas de ce qu'il luy auoit promis, qu'il le remercioit de ses bonnes & sainctes instructions; de ceste sorte le pere creut qu'il le connoissoit fort bien, & sortit entierement satisfait : mais ses gardes mouroient de rire, entendant ce qui se passoit, & ce que l'enfant l'enfant leur auoit dit, parlant de ſon Confeſſeur, lors qu'il eſtoit en ſon bon ſens. Quelques mois auparauant vn homme qui auoit quelque teinture de la langue Latine, tenant compagnie à vn malade, comme il le vid aux abbois, pour toute exhortation reïteroit ſouuent ces mots à haute voix : *Adiuro te per Deum viuum & verum*, qui eſt la formule dont on vſe en exorciſant les demons ; d'autant, diſoit-il, que c'eſt pour lors que nos ennemis mettent en œuure toutes leurs pieces pour nous perdre ; ainſi ie me figurois qu'il les falloit pluſtoſt conjurer, que de parler au malade. En quoy certes il n'eſtoit pas tout à fait extrauagant ; car ie tiens pour certain que les demons ſe ſont meſlez ſouuent en ceſte maladie, ce qui donna ſujet à quelques Religieux de ceux qui viſitoient les malades, d'vſer d'exorciſmes tacites, & courts en entrant dans leur chambre. Ie m'eſtonnay vn iour paſſant ſur

ſur le port de ſainct Vincent, de voir vn des hoſpitaliers porter ſur ſa teſte vn corps mort, ſi roide qu'il eſtoit, comme tout droict, d'vne façon eſtrange & extraordinaire, veu que la teſte eſtoit en bas, & les pieds en haut : celuy qui en eſtoit chargé s'enfuioit contre la Saone, pour le ietter au batteau, d'autant que la femme du deffunct le ſuiuoit de pres, & le chargeoit d'outrages, & d'iniures, n'ayant pas voulu permettre qu'on l'enleuaſt, tant la douleur luy auoit troublé le ſens. Ce ſpectacle alarma toute la ruë, extremement eſtonnée de voir ce prodige, veu meſme qu'ordinairement on tient, que les corps des peſtiferez ne ſont pas roides comme les autres. Enuiron le meſme temps vne femme ayant rencontré vn Confeſſeur, luy dit en riãt; Mon Pere, ie l'ay donné belle à Meſſieurs de la Santé, car comme ils m'ont ſurpriſe par la Ville, ils m'ont condamnée au carquant, parce que ie ſuis d'vne mai-

ſon

ſon infectée, mais ie me ſuis treuuée trop petite pour y pouuoir atteindre, ce qu'ayant veû ils ſe ſont tous mis à rire,& moy auſſi, & m'ont renuoyé ſans autre peine. L'on pourroit enfler ce narré d'vne infinité de ſemblables rencontres: mais ce que i'ay dit ſuffira pour nous apprendre,que les calamitez ne ſont iamais ſi extremes que la ioye n'y treuue quelque place, & qu'il eſt des eſprits ſi peu apprehenſifs de ce qui eſt le plus effroyable, qu'ils prennent ſujet de rire des malheurs, qui portent les autres au deſeſpoir.

CHAPITRE VII.

Des cauſes & effects naturels du mal.

CE n'eſt pas entreprendre ſur la profeſſion des Medecins, ny interuenir à leur gloire, de mettre en euidence les cauſes & les effects d'vne d'vne maladie extraordinaire, mesmement quand ils tombent d'accord, qu'il est extremement mal aisé de la cognoistre, & d'en discourir auec satisfaction, comme il est arriué en ce mal : car on ne peut dire, à mon aduis, qu'il soit prouenu, ny de l'air corrompu, ny de quelque constellation, ou influence pernicieuse des Astres, ny mesme de famine qui l'aye precedé, mais seulement par la communication ; d'ailleurs comme ainsi soit que l'Art de Medecine depende des coniectures, fondées sur l'experience, & la practique ; il est tout visible que toute sorte de personnes, peuuent contribuer à la cognoissance des remedes propres à vn mal populaire; en suitte dequoy anciennement l'on exposoit les malades desesperez aux porches, & entrées des temples, afin qu'il fust permis à chacun de dire ce qu'il auoit appris, ou remarqué, touchant leur maladie : De moy, il me semble qu'il y a quelque

quelque probabilité de croire, que le propre elemēt de ceste contagion, estoit la bile allumée ; d'autant que presque tous ceux qui en estoient atteints, perdoient incontinent le sens, estoient trauaillez d'inquietudes, d'ardeurs estranges, de douleurs violētes, & de lassitude de tout le corps : sur tout les sanguins, & choleres estoient plus susceptibles du venin, plus agitez de manie, & plustost despéchez : d'ailleurs les songes affreux, marque d'vne intemperie de cerueau, en estoient les auant-coureurs ordinaires : Ceux qui prenoient trop de vin sous pretexte de chasser le mauuais air, s'en sont tres-mal treuuez, & plusieurs milliers de personnes sont morts par ceste indiscretion & intemperance ; d'autant que boire excessiuement, c'estoit ietter de l'huile sur vn feu ardant : d'abondant les femmes, qui sont d'vne complexion plus humide, & plus froide, resistoient plus long temps au mal, & en eschappoient

poient plus aisément, encor que d'ordinaire elles seruissent les malades. C'est pourquoy m'estāt apperceu dés le commencement, des accidens de ceste maladie, ie creus qu'vn des plus salutaires preseruatifs dont ie pouuois vser, estoit de m'interdire l'vsage du vin, & me condamner à la ptisane ; ce qui me reüssit si bien, qu'encor qu'apres le quinziesme iour de mon exercice, ie fusse trauaillé d'vne lassitude extreme, d'vn vomissement fascheux, & d'vn grand desgoust, voire que le seiziesme deux petits charbons noirs me fussent sortis au bas de la iambe, si est-ce que ie n'eus qu'vn fort petit ressentiment de fievre parmy les maux de cœur & de teste, qui me durerent long temps. En fin enuiron le septiesme, apres auoir ietté par le nez quātité de sang, ie me sentis fort allegé, mes charbons s'estans fondus & dissipez d'eux-mesmes ; de sorte que de tous les accidens ordinaires, il ne m'en resta qu'vne qu'vne grande foiblesse & quelques defauts de cœur, iusques au quinziéme que ie commençay de reprendre mon exercice, & peu à peu recouurer entierement mes forces, & continuay encor plus de trois mois de visiter les malades : d'où i'inferois apres vn braue Medecin qui est mort au seruice des malades, qu'encor que la theriaque, & semblables drogues fort chaudes soiēt tenuës en ce mal cōme souueraines, si est-ce qu'elles sont souuent plustost preiudiciables qu'vtiles : mais pour dire franchement mon aduis, l'on ne peut rien determiner de certain, & infaillible en ce sujet : parce qu'en diuerses personnes, quoy que de mesme complexion, les accidens & les effets estoient si differens, voire si contraires, qu'il n'y a nulle apparence qu'on en peûst porter vn iugement asseuré : quelques vns estoient accablez & assoupis d'vn sommeil si profond, qu'il nous leur falloit liurer des combats, pour en tirer quelque parole ſuffiſante pour l'abſolution: d'autres ne fermoient iamais l'œil; pluſieurs dés le commencement entroient en freneſie, qui ne les quittoit point iuſques à la mort; quelques vns auoient le iugement auſſi net, & auſſi ferme que s'ils euſſent eu ſeulemẽt la fiévre ethique, ou vn flux de ſang: il s'en eſt treuué qui ont demeuré les ſix iours ſans rien prendre: d'autres auoient vne faim canine, qu'on ne pouuoit raſſaſier: Il y en a qui ſe ſont conſeruez dans des petites maiſons eſtroites, puantes, & fort incommodes, d'autres ſont morts dans leurs maiſons de plaiſance: de ceux qui ſont reuenus en ſanté, l'on en voit qui ont perdu l'œil, d'autres qui ſont manchots, d'autres qui ſont perclus, ſourds & incommodez de tous leurs membres; de ſorte qu'on n'a remarqué qu'vne monſtrueuſe contrarieté d'effets & d'accidens, quelque reſſemblãce qu'il y euſt entre les malades, à raiſon à raiſon dequoy ie me perſuade que le grand maiſtre des Medecins Galien, ne pouuant philoſopher ſur ce mal comme ſur les autres, prit reſolution de n'en dire mot, parce que ny il ne pouuoit ſe contenter, ny eſgaler l'eſperancce & l'attente de ceux qui euſſent exigé de luy quelque ſatisfaction touchant ce ſujet. Icy l'on pourroit demander quel a eſté le nombre des morts; mais ie reſponds qu'il eſt hors de mon pouuoir de le determiner, tant les opinions ſont differentes: perſonne toutesfois ne peut douter qu'il n'aye eſté tres-grand, veu qu'il a duré en ſa violence trois ou quatre mois entiers, auec vn rauage & deſolation telle, que ceux qui ne l'ont pas veuë ne ſe la pourront figurer, veu qu'au ſeul faux-bourg de l'Eſguillottiere, il en eſt mort ſeize cens de conte fait; de dixhuict mille à qui l'on donnoit l'aumoſne generale, il n'en eſt reſté que ſix cents; de trois cens confreres de la Congregation de Noſtre Dame, il en eſt mort pres de ſix vingts;de trois cens Suiſſes de la garniſon, plus de cent ont eſté emportez; de quarante Religieux expoſez, pres de trente ſont morts; des Chirurgiens ſeptante, ou dauantage;des Medecins huict; des Imprimeurs, les deux tiers;des filles de ſaincte Catherines, qui n'eſtoient que quatre vingts, ſoixante: mais le plus grãd nombre a eſté de ceux qui eſtoient ouuriers en ſoye, qui ne ſe peut bonnement exprimer;meſmement de ceux qui ſont decedez en la grand ruë de l'Hoſpital, où l'on treuua pour vn matin quinze ou vingt corps expoſez; d'vne maiſon ſur les Terreaux, qui n'eſt pas des plus grandes,l'on a tiré cent corps: En fin de dixneuf moulins qui trauailloient ſans ceſſe les années paſſées, il n'y en a plus que neuf, qui ne ſont pas touſiours occupez; d'ailleurs l'on ne peut ſçauoir ceux qui ont eſté enterrez dans les jardins, ſur les rempars,& ſemblables

blables lieux eſcartez ; l'on ne met pas en ligne de compte les petits enfans qui ſont morts deuant que naiſtre, ou incontinent apres leur naiſſance : & toutesfois apres tant de carnage & de miſeres, à voir auiourd'huy la Ville vn iour de feſte, l'on diroit qu'il n'y a pas eu grand mal, tant elle eſtoit peuplée : ce qui a donné ſujet à quelques vns de dire qu'elle a eſté pluſtoſt déchargée & nettoyée, que deſolée, & que la mort a fait grace à pluſieurs, dont la vie eſtoit miſerable & ennuyeuſe : car des perſonnes de qualité eminente, il n'en eſt mort que ſept ou huict ; de condition mediocre cinq ou ſix cents, tout le reſte eſt de la populace, qui eſtoit en ſi grãd nombre, qu'on ne pouuoit plus demeurer dãs les chambres tant elles eſtoient pleines : de façon qu'il ne ſe faut point eſtonner, ſi la contagion y a fait vne moiſſon ſi ample. En fin Dieu auoit pris les verges en main, pour chaſtier tãt de libertinage, d'excés, de diſſolutions, de blaſphemes, auſquels les artiſans de Lyon eſtoient addonnez ſans apprehenſion de ſa Iuſtice: c'eſt ainſi que les vents purgent l'air; que les tempeſtes nettoient la Mer, la rapidité de l'eau, les riuieres; que le feu oſte la roüille au fer, eſpure l'argent & r'afine l'or.

CHAPITRE VIII.

Des vertus qu'on a pratiquées durant le mal.

LES Orateurs ont icy vn riche, & ample ſujet d'eloquence, ie me ſuis preſcrit les limites d'vn Hiſtorien; c'eſt pourquoy ie ne m'arreſteray pas à exaggerer ceſte matiere; mais à raconter par forme d'abregé ce que i'en ay remarqué: meſmes le ſentiment de la populace, dont les diſcours en ſemblables accidents ſont d'autãt plus probables, que le ſens commun

mun eſt plus conforme à la verité, parce qu'il eſt plus ſimple, & exempt d'artifice: i'ay entendu maintefois des Artiſans aſſemblez aux rues, & aux places tenir ce langage: C'eſt maintenant que Dieu nous chaſtie, comme nos pechez, & deportemens licencieux le meritent: nous eſtions tout le iour dans les cabarets à boire, & à ioüer; maintenant le vin eſt ſi cher, qu'à peine en pouuons-nous auoir: nous ne faiſions point de conſcience de trauailler les iours de Feſte; & depuis quatre mois en çà, nous demeurōs oiſifs, & ſans beſongne: pluſieurs d'entre nous s'abandonnoient aux deſbauches, & aux plaiſirs de la ſenſualité; auſſi voit-on maintenāt les effets de nos ordures & ſaletez, car on ne parle que d'infection au cours de ce mal: nous acquerions des biens par voye licite, & illicite; à preſent nous faiſons des deſpenſes exceſſiues, & ne gagnons rien; & il faut employer ce peu qui nous reſte, aux medica dicaments,& aux Barbiers:nous entrions dans les Eglises, ſans nous ſoucier, ny des Confeſſions, ny des Predicateurs; auſſi Dieu a permis, qu'vn grand nombre ſoient morts ſans auoir le loiſir d'appeller le Preſtre. C'eſt ainſi, diſois-ie à part moy, que la ſageſſe de Dieu eſt iuſtifiée par ſes enfans, que ce grand Iuge proportionne les chaſtimens aux crimes, qu'il contraint les criminels de confeſſer leurs forfaits, ſans leur donner la gehenne : & certes la cognoiſſance d'vne faute, eſt le commencement de ſalut & d'amandement : outre que Dieu a fait reluire ſa prouidence,en ce qu'il a doüé de grande force ceux que la proſperité, & les delices auoient ramollis & effeminez ; car en effet il y eut vn ſi grand changement de mœurs parmy le peuple, que les Confeſſeurs ſe tenoient pour trop recompenſez de leurs petits trauaux, voyant à l'œil le grand fruict qu'ils en recueilloient à chaſque moment:

ment : Souuent les femmes & les filles, comme on leur demandoit si elles prenoiēt la mort à gré, faisoiēt ces reparties auec vne grande demonstratiō de ioye, & de courage : Ha ! mon Pere que ie suis heureuse de mourir, puis qu'il plaist à nostre Seigneur ; ie luy offre de bien bon cœur toutes mes douleurs, & la perte de ma vie pour obtenir pardon de sa misericorde ; s'il faut vn iour sortir de ce monde, pourquoy non pas maintenant? ie dois estre bien contente de me voir deliurée de tant de miseres ; rien n'arriue sans l'ordonnance du Ciel ; ces paroles nous arrachoient des larmes, & nous emplissoient de consolation. Ie vis sur le milieu d'Octobre vne femme de basse condition, contrainte de se retirer aux cabanes, qui passant en belle Cour, comme vne sienne compagne luy dit par compassion, Ha ! pauure femme, i'ay pitié de vous ; elle se tournant, d'vn visage serein & d'vne voix forte, luy fit ceste repartie ; Pourquoy m'appellez-vous pauure, ie ſuis la plus riche femme de Lyon, puiſque Dieu m'a departy ſi liberalement les biens, dont il fait preſent à ſes amis;ie l'en remercie du fin fonds de mon cœur, & m'en vay ioyeuſe au Bruteau, pour y faire quarantaine, ou pour y mourir s'il le veut ainſi. Y a-il rien parmy l'antiquité de plus illuſtre en fait de conſtance,& de ferme reſolution ? Tout ce qu'on lit dans l'Hiſtoire profane ne peut eſtre mis en comparaiſon auec le courage de ceſte ſeule femme Chreſtienne. Or ces exemples eſtoient ſi ordinaires, que de pluſieurs milliers de perſonnes que nous auons aſſiſtées,il ne s'en eſt pas treuué trois ou quatre, qui n'ayent rendu de ſemblables preuues de pieté, & de probité. C'eſt ainſi que Dieu fait eſclatter ſa grace és ſujets de foibleſſe & de miſere, parce qu'il poſſede vne force infinie, & qu'il eſt la ſource feconde de tout bon-heur ; quand tout eſt perdu,

tout

tout eſt gaigné. Diray-ie que les plus ſains nous remontrans aux places, & aux rues, mettoient le genoüil à terre, pour ſe confeſſer, & ſe diſpoſer à tous euenemens à la mort : que ſi les malades ne nous donnoient pas le loiſir de nous arreſter, en nous accompagnans comme par forme d'entretien, ils deſchargeoient leur conſcience. Raconteray-ie que ſouuent les malades pour ſe confondre, meus d'vne puiſſante contrition, diſoient leurs pechez à haute voix, en la preſence des autres malades, encor que nous fiſſions difficulté de leur permettre, parce qu'ils preferoient le contentement de leur ame à leur honneur; auſſi eſt-il arriué preſque tous les iours, qu'incontinent que nous ſortions de la chambre, nous entendions les pleurs des femmes & domeſtiques, qui nous faiſoient cognoiſtre que le malade eſtoit treſpaſſé: d'autres mouroient en noſtre preſence, apres auoir receu la benediction. Ce qui

ſuit

ſuit a quelque apparẽce de miracle; Vne bonne femme voyant ſa fille qui eſtoit frappée au trauail d'enfant, apprehendant que ſon fruict ne mouruſt ſans Bapteſme, enflammée d'vne ardeur de charité, leue les mains au Ciel, & fait ſa priere, diſant; Mon Dieu, ie vous offre ma vie, pour le ſalut de l'ame de ceſte petite creature, & ſuis tres-contente d'eſtre miſe en pieces, pourueu que l'enfant reçoiue le ſainct Bapteſme; Dieu ne la pouuoit eſconduire d'vne ſi iuſte, & ſi ſaincte priere: Vn peu apres la mere, qui auoit eſté long temps trauaillée, ſe deliura d'vn enfant, qui fut ondoyé, pour luy tenir compagnie au Ciel, & impetrer à ſon Ayeule, à qui il deuoit le Paradis, quelques inſignes faueurs. Puis que ie ſuis tombé ſur ce propos, il s'eſt treuué des femmes courageuſes par deſſus leur ſexe, qui ont enleué les enfans d'aupres de leurs meres mortes, pour leur donner la mammelle, & leur ſauuer la vie, ſans craindre le danger où elles s'exposoient. Vne autre chargée de son mary biẽ malade, voyant vn Confesseur qui passoit, le pria instamment de luy donner la benediction: ce qu'ayant fait, elle continua son chemin bien ioyeuse de sa bonne rencontre : ceste action est sans contredit plus illustre que celle de ce Prince Payen, que les Histoires nous representent chargé de son Pere, & de ses Dieux, parmy l'embrasement, & la desolation d'vne grande Ville: Celle dont i'ay parlé fit plus en effét que les plus grãds esprits n'ont peû exprimer par leurs inuentions, pour esleuer la pieté iusques à son plus haut poinct. Ainsi sainct Ambroise a remarqué, que la plus haute idée des Philosophes est au dessous des vertus, qu'ont pratiquée les enfans de Dieu, & le simple narré de leurs actions surpasse les exemples fabuleux de l'antiquité, couchez en beaux termes, & reuestus de tous les ornements d'vne eloquence deguisée. A

tout

tout ce que i'ay raconté, l'on peut adiouster quelques effets insignes de charité ; comme celuy d'vn Citoyen de condition honorable, qui a esté conserué par faueur speciale de Dieu, parmy les saincts exercices, & les bons offices qu'il rendoit aux malades de l'Hoste Dieu, qu'il portoit de leurs licts en d'autres, pour leur donner quelque soulagement, ausquels en fin l'on apperceut quelques charbons, & toutesfois il n'en a esté aucunement incommodé. Vn Pe non des plus qualifiez de la Ville, meu de zele & de compassion, loüa vn charriot, pour emporter les morts de son Penonnage, durant tout le cours de la maladie; en quoy il obligea grandement les particuliers, & le public, veu qu'il estoit extremement mal aisé d'auoir les Hospitaliers à temps, & s'est acquis vne grande coronne au Ciel, où semblables actions sont prisées & pesées au poids du Sanctuaire : Il a esté suiuy de plusieurs

Bo

Bourgeois, & de personnes de qualité, qui ont nourry vn bon nombre de pauures durant quatre ou cinq mois, outre les charitez qu'ils faisoient par l'ordonnance de Messieurs de la Ville, & de la Santé: par ce moyen ils ont sauué plus de trois mille personnes, qui eussent esté accablées de miseres. Ie sçay qu'vn des Commissaires a auancé grosse somme de deniers, pour subuenir aux necessitez de la Ville, en vn temps où elles estoient tres-grandes.

CHAPITRE IX.

Les Commissaires de la Santé establis, & ce qu'ils ont fait.

IL est bien aisé de conduire à bon port vn batteau sur la Saone, & semblables riuieres, qui ne sont ny rapides, ny dangereuses; mais pour gouuerner vn vaisseau sur la Mer du Iappon, il faut estre

doüé

doüé d'vne suffisance extraordinaire, & accompagné d'vn bon-heur particulier. Il n'y a nulle peine d'establir vn bon ordre aux petites Villes, d'empescher le cours d'vne maladie populaire, ou les seditions qui en prouiennent: mais en vne grande Ville peuplée comme Lyon, remplie d'artisans, & d'vne populace qui ne suit pas tousiours la raison, il faut auoir vn grand courage, & vne prudence plus qu'ordinaire, pour remedier à tant d'accidẽs, de desordres, & de confusions qui arriuent parmy tant de gens, si differens d'humeurs, d'âge, & de condition: Quand le feu se prend à vne cabane de berger, il est bien-tost esteint, ou il n'y fait pas grand mal; mais quand il est dans vn Arsenat, où il y a quantité de poudre, ou qu'il s'attache à vn Palais ample, & magnifique, il faut estre bien prompt, & auoir du bon-heur pour l'esteindre, ou en retarder la violence. Messieurs les Commissaires ont fait paroistre autant de vigilance, de courage, & de conduite qu'il ſe peut en ſemblables accidens : mais quoy ? le mal eſtoit au deſſus des remedes, & s'eſtoit ſi viſtement eſpandu par tout, que pendant qu'õ taſchoit de l'eſteindre en vn lieu, il gaignoit tous les quartiers, & toutes les ruës de la Ville; Quand l'orage eſt ſi furieux qu'il abbat l'arbre, arrache le timon, rompt les voiles, rend inutiles tous les efforts du marinier, le Pilotte iette les yeux au Ciel, & fait des vœux, comme les autres. Si eſt-ce que ces Meſſieurs ne perdirent point courage parmy tant de miſeres, qui euſſent eſtonné les plus hardis du monde : mais comme i'ay deſia dit, ils pourueurent l'Hoſpital de ſainct Laurens de bons Chirurgiens, de quantité de drogues, & de tout ce qui eſtoit neceſſaire pour les malades, ſi le nombre n'en euſt eſté preſque infini; ils gagerent des Officiers pour y eſtablir quelque ordre, publierent quantité de belles Ordonnances, pour empeſcher la communication du peuple trop frequente, pour reprimer l'audace, & l'inſolence des voleurs, des engraiſſeurs, & des ſeditieux, en firent executer quelques vns, pour eſtõner les autres, dreſſerẽt pour ce meſme effet des eſtrapades, planterent des piloris aux places, où ils attacherẽt des quarquans, gagerent des parfumeurs pour nettoyer les maiſons; firent mettre à vn iuſte prix le vin, & le pain; prierent les Superieurs des maiſons Religieuſes, de donner des Confeſſeurs pour ſecourir les ames des malades: Ils s'aſſembloient tous les iours, & donnoient audience à ceux qui ſe preſentoient indifferemment, dont pluſieurs eſtoiẽt atteints; marcheoient ſouuent par la Ville au milieu de ceux qui portoient la mort ſur leur ſouffle, faiſoient des remonſtrãces au peuple, s'informoient des maiſons infectées, & du nombre des malades, vuidoient les differen ferens qui naissoient à chasque momẽt, faisoient faire des prieres par toutes les Eglises, pour appaiser le courroux de Dieu ; En vn mot, ils n'oublioient rien de ce qui pouuoit contribuer au soulagement de tant de gens affligez, & empescher vn infinité de crimes qu'on eust commis, s'ils ne fussent allez au deuant par leur preuoyance & iustice : Et certes celuy qui tient le premier rang entr'eux a tesmoigné souuent vn grand zele à l'endroit de ceux que Dieu touchoit viuement, pour leur faire abjurer leur heresie, dont quelques vns ont esté conseruez, & sont auiourd'huy en vie ; Il se porta vn iour au Bruteau pour assister vne pauure fille qui s'estoit nouuellement conuertie, me priant de luy faire sçauoir quand semblables occasions se presenteroient, pour donner sujet aux autres de faire le mesme plus volontiers, en les fauorisant de quelque gratification extraordinaire. Ie ferois vn abbregé de leurs Ordonnances, si ie n'estois bien asseuré qu'ils ont pris resolution de les faire imprimer, pour seruir de direction à la posterité, quand semblable malheur arriueroit ; veu que l'experience est la seule maistresse des remedes propres aux maladies contagieuses & populaires. C'est dõc vn effet d'vne malice noire, ou d'vne ialousie enuenimée d'imputer aux Commissaires de la Santé quelques desordres qui sont aduenus, ou les taxer obliquement de peu de preuoyance, ou d'insuffisance en leur charge, dont il ne se faut nullement estonner; d'autant que c'est l'humeur des peuples de s'attribuer les causes du bonheur public, & reietter sur les Magistrats celles des afflictions & malheurs, ou de diminuer notablement leurs belles actions, & d'exaggerer les manquemens, & les fautes apparentes ; au lieu qu'il faudroit pour exciter plusieurs à les imiter, & ensuiure, les charger de loüanges

ges, leur donner des applaudiſſemens,& conſigner leur memoire à la poſterité. Il eſt grandement meſſeant à vne femme qui file aupres du feu, d'accuſer de laſcheté vn homme courageux, qui reuient du combat tout trempé de ſueur & de ſang. C'eſt vne indignité de voir que ceux qui s'eſtoient mis à couuert dans leur maiſons des champs, & qui paſſoient le temps en ieux, & en feſtins, pendant que leur Citoiens eſtoient enuironnez de dangers, s'efforcent de fleſtrir la gloire de ceux qui eſtoient tous les iours à la breſche, pour conſeruer la Ville, & les maiſons des abſens. Ie m'aſſeure auſſi que ces Meſſieurs repenſent ſouuent à ces maximes; que la vertu eſt contente des merites d'vne bonne conſcience; qu'il ſuffit aux gens de bien d'eſtre en l'eſtime de ceux qui iugent ſans paſſion, & que le plus illuſtre teſmoignage de la probité, c'eſt d'auoir Dieu pour teſmoin, & approbateur de leurs trauaux. Il n'appartient qu'aux Roys,& hommes diuins de bien faire à tous, & d'estre calomniez par des personnes de neant : Et apres tout, en la Religion Chrestienne,c'est perdre la plus honnorable recompense qu'on puisse pretendre, que faire de belles actions pour estre loüé des hommes : la loüange doit suiure comme l'ombre, & non pas estre recerchée en premiere instance, sinon au cas qu'elle contribueroit grandemẽt à l'honneur de Dieu, & au bien public. Ainsi il faut croire que Monsieur Collabaud, qui seul de leur Corps est mort en cest honnorable exercice, est maintenant comblé d'vne gloire, conforme à ses merites, à son zele tres-ardant, à ses trauaux continuels,qui luy ont cousté la vie : car comme il receuoit indifferemment iour & nuict toute sorte de personnes en sa maison, il fut frappé au commencement du mal, & mourut, regretté infiniment de toute la Ville.

CHAPITRE X.

De la charité des Religieux, & autres Ecclesiastiques.

LEs maiſtres d'eſcrime à outrance, iugeoient anciennement du courage, & de la force des gladiateurs, ſi en leur paſſant l'eſpée nuë deuant les yeux, ils ne fermoient point les paupieres, ains les tenoient ouuertes, ſans donner aucun ſigne de crainte. L'on a touſiours tenu pour maxime en la Religion Chreſtienne, que la plus infaillible marque d'vn eſprit fortifié d'vne foy eminente, & d'vne charité ardante, eſtoit le meſpris de la mort, & la ſouffrance des trauaux, quand il faut rendre quelque ſorte d'aſſiſtance au prochain, qui eſt reduit en vn eſtat deplorable, où l'on ne le peut ayder ſans courir fortune de la vie : c'eſt ainſi que les Religieux de Lyon ſe ſont ſacrifiez pour le bien public, ſpirituel, & temporel. Les Reuerends Peres Capucins commencerent les premiers au village de Vaux, où ils perdirẽt deux braues ouuriers de la Vigne du Seigneur, ou pluſtoſt ils les gaignerent pour le Ciel ; puis que celuy qui perd ſa vie pour Dieu, en reçoit vne autre ſans contredit plus auantageuſe. I'ay appris par le rapport du Chirurgien qui penſoit les malades, que le Reuerend Pere Matthieu Darnay-le-Duc, que ie cognoiſſois fort particulieremẽt, s'employa au ſeruice des pauures affligez, auec tant d'ardeur, de zele, & de courage, qu'on ne le ſçauroit aſſez loüer des bons offices qu'il leur rendit. Les meſmes Peres ont continué durant le cours du mal, d'aſſiſter les malades en l'Hoſpital de S. Laurens, & en la Parroiſſe de ſainct Paul, où ils ont recueilly des

des moiſſons planteureuſes de leur charité ; qui n'a pas eſté moins illuſtre, pour la longueur du temps qu'ils l'ont exercée, que pour le nombre des affligez à qui ils ont adminiſtré les Sacremens. Les Reuerends Peres Recollets les ont ſuiui de pres, auec demonſtration viſible de la paſſion, qu'ils auoient au ſalut des ames, veu qu'en meſme temps ils expoſerent huict Religieux, qui furent mis, partie à l'hoſtel Dieu, partie à ſainct Clair; deux de leur nõbre y ont gaigné la couronne, le Reuerend Pere Raphaël de Dole, & le frere Candide, infatigables en l'exercice honorable où ils moururẽt; tous les autres ont eſté trauaillez du mal, dont ils ſont eſchappez par vne faueur viſible du Ciel, apres auoir donné toute ſorte d'aide, & de conſolation aux affligez. Les Peres du tiers Ordre ont pratiqué le meſme office enuers les malades du Faux-bourg de l'Eſguillottiere, & s'y ſont ſignalez par leurs trauaux continuels. Les Reuerends Peres Minimes eurent le quartier de sainct Iean, & de sainct George, pour le theatre de leur courage, où trois Peres sont decedez au lict d'honneur, chargez des palmes, qu'ils auoient cueillies en combattant vaillamment. Le premier d'entr'eux qui commença, apres auoir conjuré leur Reuerend Pere Prouincial de luy faire ceste faueur, que d'agréer son tres-humble seruice, fut le Pere Iean Royal, venerable vieillard, aagé de soixante huict ans, qui s'estoit signalé en la Religion par plusieurs belles & glorieuses actiõs, & pour lors estoit Correcteur du Conuent de ceste Ville : Ce bon Pere transporté de zele, sans considerer, ny son aage, ny la foiblesse de son corps, prit la liurée funeste que portoient les Religieux exposez, comme vn riche & precieux habit d'Eglise, pour officier solemnellement; aussi mourut-il auec des signes euidens de predestination. Il fust

secondé

ſecondé des Peres Iean Antoine Aubanel, yſſu du Viuarez, & du Pere Laurens Chauſſe Lyonnois; qui apres auoir ſurmonté des trauaux bonnement inſupportables, ſe coucherent ſur les palmes comme le Phenix, pour y rendre l'ame parmy les flammes de leur charité. Les Religieux de noſtre Compagnie ſe ioignirent à tous ces bons Peres, pour enfler leurs trouppes, & prendre part à leur honnorable exercice, qui en a mis au Ciel huict de ceux qui viſitoient les malades, ou leur ſeruoient de compagnons. Ie ne m'eſtendray pas à leur dreſſer des eloges, parce que le Reuerend Pere Theophile Reynand de noſtre Cõpagnie, Profeſſeur en Theologie, l'a fait en ſi bons termes, & ſi aduenãs à leurs merites, & aux preuues qu'ils ont renduës de leurs vertus en ceſte occaſion, que ce ſeroit vouloir blanchir vn beau marbre, que d'adiouſter aux loüanges qu'il leur a dõnées en ceſt excellent

cellent Traicté, qu'il a composé des Saincts de l'Eglise de Lyon, pour obliger puissamment tous ceux du Diocese, & de ceste Ville à imiter leurs deuanciers, & à impetrer de leurs glorieux Martyrs quelque faueur insigne. Mais parce que ce narré pourra estre leu de plusieurs, qui n'auront pas veû son Traicté; ie ne puis, ny ne peus nullement passer sous silence les vertus eminentes du Pere François Bouton, qui a glorieusement accouplé les quatre Palmes, que l'Eglise reuere separément en plusieurs du nombre des Bien-heureux: Il est mort Confesseur, car il auoit esté long temps detenu en prison par les Turcs (ennemis de nostre saincte Foy) dans la Ville de Constantinople, & au chasteau qu'on nommoit anciennemẽt Sestos, où il souffrit de tres-grandes incommoditez: il estoit Docteur, puis qu'il a long temps enseigné auec beaucoup de satisfaction l'Escriture saincte,

au

au College de Dole, capitale de la Franche Comté : il trespassa auec la fleur de sa virginité, comme l'a attesté celuy à qui il auoit fait vne Confession generale de toute sa vie : à ces tiltres glorieux, il a en fin adiousté celuy de Martyr, puis qu'il a rendu l'ame au seruice des pestiferez, où il s'employa auec tant d'ardeur, qu'il m'asseura vn peu deuant qu'expirer, qu'il auoit receu plus de consolation en ce sainct exercice, qu'il n'auoit iamais faict en Orient, parmy sa prison, & au naufrage, d'où il eschappa par miracle apres son eslargissement; aussi s'y estoit-il disposé de lõgue main, par vne meditation presque continuelle, vne retraicte, & solitude si exacte, que rarement il sortoit de sa chambre, sinon par obeyssance, ou pour prattiquer quelque office de charité, par vne abstinence si seuere, que dépuis douze ans en çà, il ne mangeoit que du pain, & ne beuuoit à chaque repas qu'vn demy verre

verre de vin, par vne debonnaireté si extraordinaire, qu'õ n'a iamais veu personne plus affable, & moins susceptible des mouuemens de haine, & de cholere. D'icy iugez, s'il vous plaist, si ce n'est pas vn bien excellent, & vne grande faueur du Ciel de mourir au seruice des pestiferez, puis que Dieu a recompensé de ce genre de mort, tant de vertus illustres qui reluisoient en cest illustre Personnage: Il estoit sur le poinct d'imprimer vne œuure grandement vtile à l'Eglise, pour l'explication de l'Escriture en faueur de la version commune, où il faisoit voir clairement que le texte originel pris en sa propre signification, ne se pouuoit plus proprement traduire, qu'il a esté par celuy, dont nous auons la Bible en lãgue Latine depuis le commencement de l'Eglise: aussi auoit-il acquis vne parfaicte cognoissance de toutes les langues Orientales par vn long estude, & par la pratique qu'il auoit euë auec les plus Doctes de ces païs ; il faudroit vn iuste traicté pour faire le recit de sa vie, mais ce que i'en ay dit suffira pour maintenant. Les Reuerends Peres Carmes deschaussez ont aussi tesmoigné leur ardente affection enuers les affligez par l'employ de trois Peres, dont deux ont perdu la vie en assistant courageusement ceux qui estoient atteints de la contagion ; leur charité les a recueillis dans la gloire, auec plusieurs autres, de toute sorte d'Ordre, qui encores qu'ils n'eussent pas chargé le treillis, si est-ce qu'administrans les Sacremens de Confession, & de Communion à tous indifferemment en leurs Eglises, ils ont pris part aux recompenses promises par le grand Pere de famille ; car on peut dire auec toute verité, qu'ils estoient visiblement exposez à la mort, que portoient en leur sein vn bon nombre de ceux qui se confessoient & communioyent. Pour furieux qu'aye esté le mal,

on

on n'a iamais interrompu en nos Egliſes les exercices ordinaires de noſtre Compagnie, meſmement des Sermons les iours de Dimanche, & de Feſte: & les tribunaux eſtoient touſiours remplis de dix ou douze Confeſſeurs, qui receuoient tous ceux qui s'y preſentoiēt. D'auantage les Superieurs & Peres anciens ne faiſoient nulle difficulté d'aller au Bruteau, d'entendre du rempart les malades, de faire des Sermons & exhortations en la Cour de ſainct Laurens, de confeſſer ceux qui alloient à l'Hoſpital, & aux cabanes : les meſmes viſitoient tous les iours les Monaſteres des filles Religieuſes, partie pour dire la Meſſe à celles qui n'auoient point de Preſtre, partie pour les cōſoler, & les aſſiſter. L'on a harangué publiquement aux places, ruës, & carrefours, depuis Noël, iuſques à Paſques, trois ou quatre fois la ſemaine, pour inſtruire le peuple, qui y couroit en ſi grād nombre, que ny la pluye, ny la neige, ny le froid rigoureux, ne pouuoit retarder son zele ; aussi a-t'on veu à l'œil tãt de changemẽt aux mœurs, & tant d'ardeur au seruice de Dieu, qu'il y en a eu fort peu en toute la Ville, qui n'ait fait de bonnes & sainctes Confessions : De sorte qu'vne personne spirituelle auoit quelque raison de dire, que ceste affliction estoit auãtageuse à l'honneur de Dieu, & au salut des ames, qu'il n'estoit pas expediẽt qu'elle finist si tost; comme il arriue qu'en Egypte si le Nil ne se débordoit par la campagne, la recolte seroit nulle, ou fort petite. Il ne faut pas oublier icy le grand & signalé seruice, qu'ont rẽdu les Peres de la Mort depuis la fin du mois de Nouembre de l'an passé, faisans office de Chirurgiens, pensans les malades, & prenans l'intendance de sainct Laurens, où depuis leur establissement, l'ordre a esté sans contredit mieux gardé, les pauures assistez plus charitablement, & Messieurs de la

Santé seruis plus fidellement. Pour acheuer ce discours, ie conjure les Lyonnois de considerer quelle obligation ils ont aux Religieux, qui meus d'vne charité vrayement Chrestienne, sans pretendre autre recompense que celle que Dieu a promise à ses enfans, ont fait si peu d'estat de leur vie, qui toutesfois est d'autant plus precieuse, qu'on treuue moins de personnes qui possedent la vertu en vn si eminent degré? Quoy? que diroit-on, si desormais quand ils vont à leur porte pour leur donner sujet de gaigner le Ciel, ils les traictoient autrement, qu'Abraham ne receut les Anges sans les cognoistre? Qu'ils se persuadent infailliblement qu'en toute l'estenduë de l'Vniuers il n'y a rien qui puisse esgaler leurs trauaux. Quelle indignité, qu'il se treuue des Chrestiens qui n'en font pas plus d'estat, que si c'estoient des seruiteurs mercenaires? d'autres au contraire se sont figurez qu'il y auoit de la te-

merité

merité en leur entreprise. Est-ce auoir la premiere teincture des principes & maximes de la Foy, qui nous apprend, que le plus haut poinct de charité est d'exposer sa vie pour l'ame de son prochain? Nos premiers Peres auoient bien vn autre sentiment de semblables exercices, puis qu'ils deferoient l'honneur du Martyre à ceux qui abandonnoient leurs vies pour seruir les malades de contagion. Les autres Ecclesiastiques ont secondé le zele des Religieux; car plusieurs d'entr'eux sont demeurez, mesmement de ceux qui tiennent les premiers rangs au Clergé de ceste Ville; comme Monsieur le Comte de Vitrey, qui estoit Vicaire de Monsieur l'Euesque d'Autun pendãt que le Siege estoit vaquant; Mõsieur Chalom, chantre de sainct Paul, Monsieur le Sacristain de sainct Nisier, & plusieurs autres, d'où il est arriué qu'en continuant de faire l'Office, d'enterrer les morts, de Confesſer ceux qui les en prioient. En la ſeule Parroiſſe de ſainct Niſier, il en eſt mort vingt-quatre, ou Preſtres, ou Clercs: entre autres Monſieur Menard, tres-digne de la charge qu'il exerçoit de Subſtitut du grand Vicaire, & Sacriſtain de la meſme Egliſe, qui fit paroiſtre tant de conſtance, de deuotion & de courage durant les trois premiers mois de l'affliction, qu'il n'oublia rien pour la conſolation de la Ville, qu'il n'effectuaſt genereuſement: & pendant ſa maladie, il me remplit d'vne conſolation extraordinaire, lors que luy ayant donné le ſainct Sacrement, comme ie luy demandois s'il eſtoit bien content de mourir: Ha! mon Pere (me dit-il en langue Latine) Dieu reſpand tant de conſolation en mon ame, que ie ne voudrois nullement m'eſtre retiré comme mes amis me le conſeilloient: Ie ne ſuis que trop heureux de perdre la vie pour vn ſi bon Seigneur: ie deſirois paſſionnément de faire

faire le mesme exercice, que vous pratiquez enuers les malades, mais l'on ne me l'a pas voulu permettre, à raison de ma charge : il auoit fait faire quelques Processions solemnelles auec tant de demonstration de pieté, que toute la Ville en fut grandement consolée ; car il paroissoit comme vn Ange, portant vne image de nostre Dame de Montaigu : l'on en fit encor quelques autres en diuers temps. Les Confreres de la Congregation de nostre Dame marcherent par trois diuerses fois, reuestus de gros sacs, liez sur les reins de cordes rudes, & aspres : quelques vns les pieds nuds au plus fort de l'Hyuer, chantans par interualle ce verset : *O piissima Stella maris à peste succurre nobis* ; portans de gros cierges & flambeaux en main, pour faire amende honorable à Dieu, & luy attendrir le cœur par ce spectacle de penitence, comme en effect ils arrachoient les larmes aux spectateurs. Les Peres Cordeliers, accõpagnés des Penitens blancs, & de Messieurs les Commissaires, porterent les Reliques de sainct Bonauenture auec pompe & appareil le iour du Lundy gras, iusques à l'Eglise de nostre College, où il y auoit Pardon de quarante heures. Pour le mesme sujet, au commencement du mal, la Ville fit vn vœu à nostre Dame de Lorette, duquel on donna la commission aux Reuerends Peres Minimes, le Pere Pierre Torueon, & le Pere Dominique Meillier, tous deux Lyonnois, assez cogneus pour leur merite; qu'ils executerent auec tant de courage, parmy les empeschemens & les obstacles qu'ils rencontroient à toute heure, les dangers visibles de leur vie, & les difficultez qu'on leur faisoit de les laisser passer, qu'autre qu'eux n'eussent iamais essayé tant d'affronts, & supporté tant de trauaux, que l'affection qu'ils auoient à leur Patrie leur rendoit supportables: La Ville est obligée aux mes-

mes

mes Peres d'vne riche Indulgence, qu'ils ont obtenuë de ſa Saincteté pour ſept ans. Ie n'aurois iamais fait, ſi ie me voulois eſtendre ſur les actions particulieres des Religieux & Eccleſiaſtiques ; ce que i'en ay raconté par abbregé, ſuffira pour verifier les beaux mots de ſainct Gregoire de Nazianze, qu'il y a trois choſes inuincibles, Dieu, l'Ange, & le Philoſophe Chreſtien, ainſi appelloit-on en la naiſſance de l'Egliſe, ceux qui ayans renoncé au ſiecle ſe conſacroient entierement au ſeruice de Dieu.

CHAPITRE XI.

Ce qui s'eſt paſſé depuis Paſques.

CE que i'ay raconté iuſques à maintenant eſt arriué depuis le mois d'Aouſt de l'an paſſé, iuſques au mois de Mars de ceſte année ;

 auquel

auquel la diminution, & declin notable du mal nous mit en liberté, & nous fit quitter nos liurées funeſtes : donc pour donner vne pleine ſatisfaction à ceux qui deſirẽt d'eſtre informez de ce qu'on a remarqué durant l'Eſté, & le commencement de l'Automne, i'en feray le recit en peu de mots, & par forme d'abbregé. Il y a eu de temps en temps quelques perſonnes atteintes, encor qu'en fort petit nõbre; & toutesfois les eſtrangers qui en ont eſté aduertis par lettres, ou autrement, ſe ſont figurez que la Ville eſtoit touſiours en tres-mauuais eſtat; parce que le bruit s'enfle, & s'accroit par la diſtance des lieux, & les mauuaiſes nouuelles treuuent plus de creance parmy les peuples que les bonnes; pour ceſte raiſon l'on iugea qu'il ſeroit expedient de preſcher hors des Egliſes durant le Careſme, d'autant que le Printemps eſt vne ſaiſon changeante, & en ſuitte dangereuſe pour les maux

popu

populaires. Au mois de Iuin, & de Iuillet il n'y auoit que peu, ou point de malades; mais ſur la fin d'Aouſt, incontinent apres la canicule, quelques maiſons, & boutiques furent fermées, ce qui cauſa vne frayeur bien grande parmy les habitans, qui ſe reſſouuenoient que la maladie auoit commencé en meſme temps l'an paſſé; d'où il eſt arriué qu'on a creu aux lieux prochains & eſloignez, que la contagion s'eſtoit ſi fort r'allumée en ceſte Ville, que tout y eſtoit en deſordre, comme ie l'ay appris par des lettres eſcrites de Sauoye, du Dauphiné, & de Bourgoigne: il en faut imputer la cauſe, partie à la populace, qui ſe porte facilement au deſeſpoir, meſmement apres vne ſi grande calamité: partie à certains eſprits mal faits, qui font conſiſter leurs plaiſirs à ſemer des nouuelles, & y adiouſter des circonſtances qui les rendent plus receuables: partie aux Marchands des petites Villes, qui pour vendre plus cher leurs denrées, rendent ceste Ville suspecte à tout le monde. Sur ceste derniere apprehẽsion, l'on eut recours premierement aux remedes surnaturels, & fut ordonné par Monsieur le grand Vicaire, qu'on feroit vne Procession generale, pour flechir Dieu à misericorde; où assista Monseigneur nostre Gouuerneur, Messieurs du Presidial, & de la Ville, & vne si prodigieuse affluence de peuple, qu'on eust creu que la Ville n'auoit point perdu d'habitans: mais comme on sortoit de la grande Eglise, & que la multitude s'espandoit à foule par la ruë S. Iean, tout le monde fut incontinent saisi d'vne frayeur panique, dont les causes ne sont pas encor esclaircies, qui estonna si fort le peuple, que se pressans les vns, les autres, pour gaigner les allées & les maisons, il y en eut quantité qui furent renuersez par terre: quelques vns crioiẽt qu'on auoit forcé le corps de garde du Change:

Change : d'autres qu'on auoit oüy le bruit d'vn carrosse, & que les premiers voulant faire place, auoient excité ce tumulte;ceux du Penonnage furent sur le poinct de s'armer; mais parmy cest effroy, & ceste alarme tumultuaire, il n'y eut point d'autre mal, sinon qu'on enleua à vn patissier trois gros pastez : ainsi en vne mesme assemblée, lors que les vns recerchent les moyens de fuïr la mort,les autres songent à viure delicieusement,& faire bonne chere aux dépens des paoureux. C'est ainsi que maintefois les maux des hommes n'ont nul fondement, sinon la seule opinion, & vaine apprehension : comme il arriua presque en ce mesme temps à vn estranger, qui eut quelque ressentiment de fievre, à raison dequoy il fut separé de sa famille,pour voir quel en seroit l'euenement: donc comme sa garde l'eut quitté, il fut saisi d'vne telle crainte, que gaignant la fenestre, il se mit à crier auec grande contétion de voix, qu'on le vinst promptement assister, parce qu'il auoit desia perdu la parole: c'est à mon aduis, d'autant qu'il auoit remarqué qu'en nostre langue, pour dire qu'vn homme est à l'extremité, nous vsons de semblables termes; cependant dans peu de iours il fut entierement guery de sa fiévre: car depuis trois mois en çà grand nombre de personnes en ont esté trauaillez, ce que l'on tient pour presage asseuré de la fin du mal, & en effet le tac n'est plus ny pestilent, ny mortel; car i'en ay veû qui en estoient chargez sans autre incommodité; Les charbons & les bubons ne sont plus mortels, ny venimeux, & les Chirurgiens ont bien de la peine à recognoistre si c'est peste, ou non; voire l'on en a renuoyé de sainct Laurens, qui y ayans esté portez comme pestiferez, n'auoient que la fiévre tierce; & cependant il y a des villages où la maladie a tous les mesmes effects qu'elle eut l'an passé

passé en ceste Ville ; tant il est veritable, que c'est la main de Dieu, qui agit & qui visite successiuement les Villes & Prouinces: Car quelle autre raison peuton alleguer de ceste diuersité, qu'icy la peste ne soit pas contagieuse, & qu'ailleurs elle soit si violente, veu que le peuple y est bien en plus grande quantité? En fin pour pouruoir à tout euenement, l'on a fait vne Ordonnance, par laquelle on a deschargé la Ville d'vn bon nombre d'estrangers, artisans, ou autres, qui s'y estoient glissez durant l'Esté; & ainsi les pauures de la Ville en seront plus soulagez, parce qu'ils auront de l'employ, & la despence qu'on fait à donner l'aumosne sera beaucoup moindre. C'est ainsi que les calamitez de ceste vie sont limitées, que Dieu s'appaise par les prieres & penitences des hommes, qu'vn extreme malheur n'est pas de durée, que tous les maux ont leur periode & leur reuolution, qu'il ne faut rien apprehender

prehender que le mal du peché, qui n'a point de bornes en sa durée.

CHAPITRE XII.

Si le mal a apporté plus de preiudice que de profit.

IL est des femmes folles, qui a dessein se procurent la fievre tierce, pour rēdre leur teint plus delicat, le cuir plus tēdu, & les traits de la face plus doux: c'est vne sottise toute visible; mais au reste qui ne preiudicie qu'à celles qui sont transportées de ceste vanité. Qui ne s'estonneroit de la frenesie & fureur de certains hommes, qui ont mis autresfois le feu és Villes, & Palais pour auoir sujet de les rebastir auec plus de magnificence; semblables à certaines personnes rusées, & artificieuses, qui tendent le pied aux autres, & les font tomber, pour les obliger en les releuant:

leuant : mais quand il arriue par malheur qu'vn homme eſt affligé, & qu'il eſt renuersé par quelque diſgrace ; c'eſt faire office de vray amy, de luy donner ſecours,& de l'ayder à ſe reſtablir: comme c'eſt eſtre ſplendide, & liberal de rebaſtir vn Palais, ou vne Egliſe abbatuë d'vn coup de foudre, ou bruſlée par les feux que l'ennemy y a iettez ; c'eſt proprement imiter la debõnaireté de Dieu enuers les hommes, qui fait ſouuent comme les braues iardiniers, qui couppent, & effueillent les arbres pour les faire croiſtre, & porter des fruicts en plus grande abondance. Il faut aduoüer qu'en ceſte Ville la contagion a fait grace à pres de vingt mille perſonnes, qui trempoient dans la miſere, & eſtoient accablées d'incommoditez:de ſorte que la Ville de ce coſté a eſté pluſtoſt deſchargée, qu'affligée ; auſſi eſt-ce l'vne des fins que Dieu ſe propoſe, quand il enuoye des mortalitez,de vuider la ſentine

tine du vaiſſeau, pour le rendre plus leger, & plus aysé à manier aux Pilotes, & mariniers. D'ailleurs, il afflige les hommes, ou pour les mettre à l'eſſay, & eſpreuuer leur conſtance, & leur courage, ou pour reprimer leur audace, & leur licence effrenée, ou en fin pour punir leurs crimes, & vẽger les outrages qu'ils font à la nature par leurs deſbordemens: ce qu'on peut verifier par vne induction generale de toutes les grandes mortalitez, qu'on a remarquées au cours des ſiecles paſſez. Ie ſçay bien qu'on peut obiecter, que l'interruption du commerce a causé quelque ſorte d'incommodité ; à quoy ie reſponds, qu'on reparera bien toſt ceſte perte, parce que les lieux prochains & eſloignez, qui ſe treuuent reduits à vne grande neceſſité, achepteront en gros ce qu'õ n'euſt vendu qu'en détail : les marchandiſes ſont entieres, les magaſins n'ont pas eſté infectez, & peu de gens ſe ſont pourueus ailleurs. D'abon

D'abondant c'eſt vn grand bon-heur, que les débauches des artiſans ayent eſté reprimées, le vice puny, & le libertinage arreſté : car encor que quelques deſnaturez ſe ſoyent abandonnez à toute ſorte d'horreurs, eſperans impunité de leurs crimes ; le nombre en eſt fort petit, ſi on les compare à ceux qui ont recogneu leurs fautes, amandé leur vie, & fait les exercices de bons Chreſtiens. Or c'eſt à ceſte reigle, qu'il faut meſurer tout le bien de ceſte vie ; Dieu ne pretend que l'abolition des pechez, & l'extinction des crimes en reſpandant les biens & les maux : Il y en a qui font des plaintes de ce que leurs parens n'ont pas receu l'honneur ordinaire des obſeques: mais ie les prie de conſiderer, que cela ne touche nullement les Treſpaſſez; car ſi l'ame eſt dans le Ciel, où elle poſſede la felicité, en quelque lieu que ſoit ſon corps, cela ne luy peut prejudicier: ſi elle eſt condamnée au ſupplice de l'enfer, ce n'eſt pas luy donner de l'allegement que d'enterrer ſes os auec pompe & appareil funebre. Ie ſçay bien que c'eſt vne conſolation aux viuans de les voir en terre ſaincte, & quelque ſorte d'auantage pour les morts : mais il faut ſuppléer au manquement de terre ſaincte, par prieres, par Meſſes, & par aumoſnes: vn grand nombre de Martyrs, & Confeſſeurs ont eſté enſeuelis dans la mer, dans les feux, & dans le ventre des beſtes ſauuages. Le Ciel eſt eſgalement diſtant de tous les endroits de la terre, & comme dit ſainct Auguſtin ſur ce ſujet, il ſert d'vrne à ceux qui n'ont point de tombeau : De moy, ie tiens pour tout aſſeuré, que le Bruteau & ſainct Laurens ſont ſanctifiez par tant de corps, dont les ames poſſedent la gloire, & qu'il ne faut plus regarder ces lieux, que comme des Cimetieres pleins de reliques de Saincts. Ie ſçay que pluſieurs ont vn extreme regret de n'auoir pas peû rendre les derniers

niers deuoirs, & assister à la mort de leurs peres, meres, freres & enfans;mais ils en estoient dispensez par toute sorte de droict: & puis la douleur en eust esté plus sensible, par la presence de l'objet; les impressions que fait la veuë dans l'ame sont puissantes, & de longue durée. Ces frenesies, ces conuulsions, ces pointes des maux aigus, leur eussent percé le cœur mille fois le iour; l'on demandoit souuent au commencement du mal, pourquoy Dieu s'en prenoit plustost aux Lyonnois, qu'aux autres habitans de la France, quels crimes plus grands ils auoient commis, que leur voisins, qui estoient exempts du mal: à quoy nous respondrons, que quand vn creancier a deux debiteurs, il ne fait point de tort à l'vn, si son terme expiré, il le contraint de payer, & qu'il vse de remise enuers l'autre: il est maistre, & n'est pas obligé d'attendre plus long temps. D'ailleurs en vn theatre où l'on ioüe quelque tragedie, ſouuent ceux qui ſont du dernier acte, font vne fin plus deplorable, & ſouffrent des ſupplices plus rigoureux, que ceux qui ont ioüé leurs perſonnages les premiers : Les hommes battent le chien deuant le lyon, Dieu au contraire bat le lyon deuant le chien ; comme les grãdes Villes ſont plus illuſtres, auſſi les chaſtimens de leurs crimes iettent plus d'eſtonnement dans les cœurs des peuples. Il eſt aisé maintenant de recognoiſtre la verité de ces maximes, que nous alleguions pour lors; car outre que le mal s'eſt eſpandu par toutes les Prouinces de la France, i'ay appris depuis peu de temps, qu'il y a des lieux voiſins ſi fort affligez de la famine, que les paures gens demandent inſtãment à Dieu qu'il leur enuoye la peſte, pour mettre fin à leur miſere, parce que la mort eſt vne ſorte de conſolation à ceux qui ſont en l'extremité du malheur; & ceſte maladie a cecy de particulier, qu'en peu de de iours, ou l'on en meurt, ou l'on se voit hors de dãger : mais quoy? les grandes aumosnes, & les insignes charitez des Lyonnois les deuoient mettre à couuert de ce fleau. Sainct Augustin respõd pertinemment à ceste demãde par semblables termes : *Celuy qui fait quelque charité, & ne quitte pas son peché, est comme celuy qui veut corrompre son Iuge par quelque petit present, & sur l'esperance d'impunité commet mille crimes enormes ; quand vous distribueriez tous vos biens aux pauures, si vous ne renoncez entierement à vostre iniquité, vous perdez vostre argent, & vous ne sauuez pas vostre ame.* Et en vn autre lieu il dit, *Que donc personne d'entre les hõmes ne se promette vne felicité asseurée, parce qu'il est Chrestien; mais qu'il vse du bonheur quand Dieu luy donne autant qu'il peut, quand il peut, & comme il peut ; que s'il est heureux, qu'il remercie Dieu de sa bonté ; au contraire s'il est malheureux, qu'il le remercie de sa iustice; mais que iamais il ne soit ingrat.*

CHAPITRE XIII.

Comparaison des effets du peché auec ceux de la contagion.

OVR bien iuger de la prodigieuſe grandeur & groſſeur du Coloſſe de Rhodes, qui n'eſtoit qu'vne ſtatuë du Soleil, l'ouurier fit vn petit Pygmée qui meſuroit auec l'eſtenduë de ſon coude, l'vn de ſes pouces; c'eſt ainſi que les contraires s'entredonnent du iour & de la clarté, quand ils ſont oppoſez les vns aux autres. C'eſt pourquoy pour conclurre ce narré, ie me ſuis propoſé de faire vne comparaiſon des effets de la contagion auec les fruicts du peché, dõt la mort n'eſt que la montre, ou le payement, & les maladies que des acceſſoires, ou appennages. La peſte n'eſt qu'vne vapeur mortelle, & contagieuſe qui

entr

entre par les pores, & les conduits du corps, pour s'emparer du cœur & du cerueau. Le peché n'a point d'entrée en l'ame, que par les ſens, qui reçoiuent les images des obiects illicites, pour les conſigner à l'imagination, qui les preſente à l'entendement, & celuy-cy les fait aggréer à la volonté, ainſi l'origine du mal vient de dehors: le ſouffle d'vne perſonne atteinte, peut infecter dans peu de iours toute vne grande Ville: vne parole, vn regard, vne action d'vn eſprit malin, & vitieux, gaſte ſouuent tout vn peuple, comme il arriue au ſujet des hereſies. Le ſouuerain remede contre la peſte eſt de s'eſloigner des lieux, & perſonnes infectées: pour empeſcher qu'vn vice ne faſſe nul progrez, il faut fuïr a compagnie des meſchans, car il n'y a ien de ſi contagieux que le peché: l'experience nous a fait voir qu'en moins d'vne heure le venin trouble le cerueau, & oſte l'vſage de la raiſon; le bon ſens

& le peché ſont tellement incompatibles, que l'Eſcriture ne donne point d'autre nom au pecheur, que celuy de fol, & inſensé. Les bubons ſortent ordinairement à l'aine, aux aiſſelles, & aux emunctoires du cerueau : les deſbauches de la bouche, & de la couche attirent le courroux de Dieu ſur les hommes; & ſi nous en croyons à quelques Docteurs, la peſte eſt l'extraordinaire chaſtimẽt de la paillardiſe. Celuy qui ſe plaindroit d'vn ſien amy, qui ne le viſite pas en ceſte ſorte de maladie, n'auroit ny raiſon, ny reſſentiment d'amitié ſincere: Il faut tenir pour maxime, que c'eſt violer les loix de la ſocieté, & de la vraye affection, que de pratiquer les perſonnes qui ſe licentient en des actions infames, & pleines d'horreur : où la conſcience peut eſtre offencée, c'eſt vne barbarie que de continuer l'amitié; quelques vns ont eſté gueris par des drogues chaudes, les autres par des froides, ſelon la la diuersité des complexions: Les remedes de l'ame doiuent estre differens, eu esgard aux diuerses humeurs, & autres particularitez & occurrences; les plus excellés Medecins se trouuoient courts en ceste maladie, parce qu'ils en ignoroient les causes & les effets: celuy qui n'a pas vne exacte cognoissance des passions de l'ame, & de leurs effects, est incapable d'ayder ceux qui se mettent sous sa conduite. Ceux qui sont rechappez du mal, sont obligez de faire quarantaine en quelque lieu esloigné, ou fermé: apres qu'on s'est deffait, & dépris de quelque objet illicite, il s'en faut interdire toute sorte d'vsage; car il n'y a point de mal plus traistre, & qui retourne plus aisémẽt qu'vne affection desreglée, si la longueur du temps n'en efface entierement les images, & le souuenir: Quand la contagion se met en vne Ville, l'on suspend pour vn temps tous les exercices, & les functions ordinaires : quand quelque passion violente maistrise vn esprit, toutes les facultez de l'ame demeurent oysiues, & inutiles : Il est plus que probable que fort souuent Dieu fait naistre les mortalitez par le ministere des mauuais Anges, qui sont les executeurs de sa Iustice ; Il est asseuré que les demons donnent les plus rudes atteintes à nos ames, par leurs suggestions pernicieuses, & les representations des objets, qui ont quelque pouuoir sur nos cœurs. C'est merueille qu'au commencemẽt du mal, persõne ne vouloit aduoüer qu'il fust frappé : qui disoit que c'estoit vne migraine, qui, que c'estoit vn effet de quelque desbauche, vn autre qu'il s'estoit morfondu : En fin tous desguisoient leur mal, ou d'autant qu'il estoit estimé honteux par vne erreur populaire ; ou parce que nous nous flattons volõtiers parmy nos malheurs, & sommes biẽ ayses de nous trõper : Cecy mesme arriue aux vices, dont

nous

nous-nous ſouïllons, car nous leur donnons des noms ſpecieux; l'auaricieux eſt appellé meſnager; l'impudique, gentil, galland, & de bonne grace; le cholere & vindicatif, eſt qualifié courageux; le laſche, debonnaire; le ſtupide, ſimple; tant nous ſommes ingenieux à diſſimuler nos imperfectiõs. Quelques vns ſont demeurez ſi foibles & ſi incommodez, qu'ils en ont gardé le lict & la chambre plus de trois mois: il en prend de meſme aux pecheurs, enuiellis au mal par vne longue accouſtumance; car apres vne bonne Confeſſion, encor ſont-ils ſi foibles, qu'ils ne peuuent faire vn pas au chemin de la vertu. Le Magiſtrat oblige grandement vne Ville, quand il enferme les malades, & leur interdit la conuerſation des autres; les hommes eloquens & ſages, rendent de grands ſeruices à la Republique, quãd par leurs remonſtrances, ils arreſtent le cours de quelque vice, qui (pour le dire ainſi) va ondoyant

ondoyant à pleines vagues, pour noyer ceux qui s'y laissent surprendre.

Parmy le degast extreme, que faisoit la maladie, Dieu a inspiré quelques vns de la Pretenduë, de quitter leur erreur, & se reünir à son troupeau ; aussi est-ce vn effect signalé de sa sagesse infinie, de faire naistre les biens des maux, & de sauuer par l'affliction ceux que la prosperité, & les delices ont perdus. C'est ainsi que maintesfois il arriue qu'vn esprit courageux, qui s'estoit laissé tyranniser honteusement par ses passions forcenées, espouse la vertu, & se porte au bien auec plus d'ardeur, que ceux qui ne se sont pas soüillez de semblables crimes, ou excés ; parce que le despit qu'il conçoit de sa vie passée ; luy enfle le courage, & luy accroist notablement ses forces ; mais certes il faut attribuer ce changement à vne extraordinaire prouidence de Dieu en son endroit.

Durant

Durant que la Contagion estoit en sa force, ou pour le dire ainsi, en sa fureur, l'on tenoit pour sains ceux qui n'auoient que la fiévre, & les maux ordinaires. Ainsi en vne Ville, ou Prouince, dont les habitans sont desesperément vitieux, & où l'impunité authorize, & fortifie les crimes, il y a des vices qu'on tient pour vertus, comme parmy les Payens, la vanité, la vengeance, la simple fornication n'estoient pas punis, ny condamnez par les loix Ciuiles.

Dieu a fait reluire extraordinairemẽt sa bonté enuers quelques vns, qu'il a conserués par miracle; entre autres vn honneste Medecin, qui estoit venu en cette Ville pour se presenter aux Commissaires de la santé, & leur offrir son seruice; mais comme ils ne tomberent pas d'accord du prix qu'il demandoit, il changea d'aduis, & prit resolution de se retirer dés le lendemain; mais sur la nuict il se sentit frappé, & à méme tẽps s'estant s'estant persuadé que Dieu l'auoit permis, pour le mettre à l'essay, ou pour se seruir de luy au dessein qu'il auoit fait d'assister les malades, il fit vœu que s'il en eschappoit, qu'il les seruiroit gratis; sa priere fut exaucée, car en peu de iours il fut hors de danger : donc pour s'acquitter fidellement de sa promesse, il se presente pour la seconde fois aux Deputez, leur fait le recit de ce qui s'estoit passé depuis leur entreueüe, les conjure d'aggréer son seruice, ce qu'ils firent volontiers; du depuis il a rendu de tresbons seruices à S. Laurens, où parmy tant de dangers il a esté conserué en bonne & pleine santé; dont il ne faut pas rapporter la cause, à ce qu'il auoit eu le mal, car c'est vne erreur populaire de croire qu'on ne reprenne pas la peste; car i'en ay veu qui l'ont eüe quatre fois en six mois, & sont morts de la derniere maladie.

C'est ainsi que quand Dieu a proietté

té de se seruir de quelcun, il sçait bien l'obliger à changer ses desseins, & suiure doucement la conduite de sa prouidence, pour le sauuer : comme l'on peut remarquer en la Conuersion de Sainct Augustin, & de quantité d'illustres Personnages, qui se sont signalez en l'Eglise, par leur eminente doctrine, probité, & constance.

Les Medecins se sont estonnez, que contre les maximes de leur Art, & les remarques faites aux siecles passez, les bubons ne sortoient pas seulement aux emonctoires, comme aux aisnes, sous les aisselles, & derriere les oreilles ; mais aussi au dos, au ventre, aux bras, & autres parties du corps, ce qu'on n'auoit iamais veu : De mesmes les hommes sages, & les Philosophes s'estonnent parfois, que les esprits des meschans puissent inuenter de nouuelles sortes de desbauches, de plaisirs illicites, & d'horreurs, qui gastent & corrompent la constitution

ſtitution des corps, comme ce Controolleur & Syndicqueur des Romains, qui inuectiue aigrement le luxe de ſon ſiecle, que les Dames de la capitale du monde auoient porté à vn tel excez, qu'en punition de leurs diſſolutions, elles commẽçoient d'eſtre trauaillées des gouttes, & de ſemblables maladies, dont iuſques à ſon temps elles auoient eſté exemptes; parce que les incommoditez du corps ne ſont que des fruicts & des engeances monſtrueuſes des deſbauches, & libertinages extremes.

Il ſe treuue des perſonnes, qui non ſeulement ont ſeruy les peſtiferez, mais auſſi ont couché long temps auec eux, ſans en eſtre nullement incommodées, ce qu'il faut tenir pour vne inſigne merueille; mais c'eſt à mon aduis vn plus grand miracle de rencontrer des eſprits ſi forts, & ſi aduantageuſement fauoriſez de la grace de Dieu, qu'ils manient la poix ſans ſe noircir les mains, qu'ils traitent traittent & conuersent indifferemment, auec toute sorte de personnes sans aucun preiudice de leur probité, & innocence; semblables aux rayons du Soleil qui esclairent les lieux sales & puants, sans en estre infectez, & à ces poissons du fleuue Lycus qui sont blancs, dans vne eau toute noire; aussi les faut-il regarder comme les fauoris du Ciel, releuez par dessus le commun des hommes.

L'on a descouuert vne sorte de peste, d'autant plus dangereuse que moins elle paroissoit au dehors, que les Medecins appellent peste ectique; parce que sans apparence de bubons, ou de charbons, le malade en mouroit infailliblement dans peu de iours; encore que l'on creust que ceux qui en estoient trauaillez n'eussent que la simple fiévre; en quoy plusieurs se sont grandement trompez, qui les ont traittez comme febricitans ordinaires, & que sur ces apparences l'on les faisoit inhumer aux Eglises; & toutesfois il est asseuré que les tumeurs ne sont pas la peste, mais seulement des effets, & proprietez qui ne sont pas necessairement inseparables de la contagion. L'experience nous apprend qu'il n'y a vices plus pernicieux que ceux qu'on desguise, & qu'on couure des titres specieux de vertus, & de belles qualitez; parce que non seulement on ne les a pas en horreur, mais on en fait gloire & vanité.

Enuiron Pasques, vn prisonnier plein d'artifice, contrefit si bien le mal, s'estant fait venir le vomissement, & l'assoupissement à force de boire, que par l'aduis du Chirurgien il fut tiré de la prison, & conduit à sainct Laurens, d'où il sortit sur le soir, & s'en alla à Priuaz pour s'enrooller en l'armée du Roy; d'où il est retourné plein de santé. Les anciens ont imputé à vertu la ruse de ceux, qui en apparence se licencioient à quelque

que ſorte d'exercices peu honnorables, pour eſquiuer les dangers, où autrement ils ſe fuſſent engagez : Et l'hiſtoire Eccleſiaſtique nous apprend, qu'il s'eſt treuué des grands hommes, qui ont feint d'eſtre fols, ou ignorans, pour fuïr les charges & les dignitez, qu'on les euſt contraint d'accepter, s'ils n'euſſent treuué ces desfaires; parce qu'ils apprehendoient comme priſons, ce que les autres recerchent, & pourſuiuent comme le comble & le plus haut titre de liberté.

Quelques eſprits deſnaturez durant le mal ont pris ſujet d'executer leurs deteſtables deſſeins : parmy l'affliction & l'aduerſité, les ames laſches forment des plaintes contre Dieu, vomiſſent des blaſphemes, & s'abandonnent à l'impatience & amertume de cœur. L'on en a veû pluſieurs, qui ſur le poinct de rendre l'ame ſe croyoient gueris, & faiſoiẽt demonſtration d'vne ioye extreme: Les meschans ſur le poinct d'eſtre chaſtiez rigoureuſement, s'eſpandét en reſiouyſſance, & ſe diuertiſſent des conſiderations qui ſeroient capables de les retenir dans le deuoir. Quelques vns ſont morts ſans confeſſion pour auoir refusé de la faire quand le Preſtre les en prioit: nous en voyons ſouuent qui ſont emportez d'vne mort ſoudaine, ſans ſe pouuoir donner le loiſir de penſer à leur ame, & de voir leurs comptes : Ceſte affliction a ſeruy à quelques vns, & leur a eſté aduentageuſe ; d'autant que Dieu a retiré de l'hereſie vn aſſez bon nombre de ceux qui en auoient eſté imbus dés leur enfance. C'eſt vn effet d'vne ſageſſe infinie, qui des maux en fait naiſtre de grands biens ; auſſi par fois vne ame qui a eſté long temps eſclaue d'vne paſſion ignominieuſe, enflammée d'vne ſaincte haine contre ſoy-meſme, s'addonne à la vertu auec tant d'ardeur, qu'elle y fait de grands progrez en peu de temps,

mai

mais il faut attribuer tout ce changement à la ſeule bonté de Dieu, qui opere ſemblables effets de tous poincts admirables : *Apprenons donc*, dit ſainct Auguſtin, *à l'aymer quand il donne, & à le craindre quand il tonne.*

CHAPITRE XIV.

Ce qu'ont fait Meßieurs le Preuoſt des marchans, & les Eſcheuins de la Ville de Lyon.

LEs glorieuſes actions de ceux qui poſſedent les premieres charges des grãdes Villes, ſont le plus ample, & le plus riche ſujet des Hiſtoriens, qui entreprennent de tranſmettre fidellement à la poſterité, ce qui eſt arriué de plus illuſtre & memorable en icelles ; parce qu'ils ſe doiuent propoſer pour fin de leurs ouurages, de faire naiſtre dans les eſprits de ceux qui les liſent, vn genereux deſir d'imiter les grands hommes, & ſe former ſur les beaux exemples des vertus qu'ils leur ont laiſſées : Pour la meſme raiſon Dieu vouloit qu'on miſt quantité d'encens, & de parfum ſur les Victimes de ceux qui eſtoient releuez en dignité; parce qu'on ne ſçauroit donner aſſez de loüanges aux braues Magiſtrats, qui parmy les dangers, les accidens funeſtes, les deſolations & mortalitez, font reluire vne conſtance inſigne, vne vigilance extraordinaire, & vn courage eminent : Et certes encore que l'honneur ne ſoit pas la recompenſe égale de la vertu, ſi eſt-ce qu'elle n'auroit point de charmes aſſez puiſſans pour attirer les hommes, & les induire à ſurmonter les difficultez qui ſe rencontrent en l'exercice des charges publiques, ſi la loüange ne la ſuiuoit comme ſa compagne inſeparable, & ſa Dame d'honneur, doüée d'vne beauté

rauiſſante,

rauiſſante, qui fait de grandes impreſſions ſur les cœurs de ceux qui ne ſont pas entierement inſenſibles.

Meſſieurs le Preuoſt des Marchands, & les Eſcheuins de ceſte Ville ont tant rendu de preuues viſibles de toutes les Vertus, qui cõtribuent à la préeminence des Magiſtrats, qu'à moins d'eſtre iuſtement taxé de peu de fidelité, & de negligence intollerable, ie ne peus priuer le public du teſmoignage qui eſt deû aux dangers qu'ils ont meſpriſez, au bon ordre qu'ils ont apporté, aux deſpenſes exceſſiues qu'ils ont faictes, pour pouruoir aux neceſſitez des malades, diſtribuer quelque ſomme d'argẽt aux pauures de la Ville, faire reſtablir le commerce, empeſcher le progrez & le cours de la contagion, faire ſortir les eſtrangers, qui euſſent incommodé notablement la Ville, ſi le mal ſe fuſt rengregé: En fin, pour remettre leur Patrie au bon eſtat, où nous la voyons auiourd'huy apres vne extreme desolation, qui sembloit deuoir continuer plus long temps; mais par la faueur speciale du Ciel, & leur bonne conduite, nos apprehensions se sont changées en ioye, & remerciemens. Il faut donc que mal-gré l'enuie, la jalousie, & l'inclination qu'ont quelques mauuais esprits à diminuer ou flestrir la reputation des gens de bien, les escriuains comblent de loüanges, & dressent des glorieux eloges à ceux qui se sont signalez par leur zele & passion ardente au bien public en ceste derniere calamité; parce que c'est grandement obliger tout vn païs, de faire viure à perpetuité, ceux qui ont conserué par leur industrie vn nombre prodigieux de peuple, qui estoit menacé d'vn danger euident de mort, & de miseres extremes: Aussi faut-il aduouër que ces Messieurs se sont immolez cõme des victimes genereuses, pour s'opposer à la fureur d'vne maladie, que les plus courageux peuuent

uent euiter par la retraite ſans aucun preiudice de leur reputation, qui eſt à mon aduis le plus haut poinct, où vn Orateur, quelque excellent qu'il ſoit, puiſſe porter la vertu. C'eſt la conſideration que ie faiſois ſouuent l'année paſſée en ce temps icy, rencontrant deux ou trois fois le iour Monſieur le Threſorier du Pomey, lors que la Ville eſtoit reduite à vne ſolitude ſi eſtrange, que nous ne trouuions que les Hoſpitaliers, ou les morts eſtendus au milieu des ruës, & places. Ie ſçay auſſi que Meſſieurs ſes Collogues paroiſſoient ſouuët par la Ville, mais ie n'auois pas l'honneur de les cognoiſtre particulierement. Donc pour donner la derniere perfection à ce narré, i'ay creu que les Lyonnois verroient auec quelque ſatisfaction les noms de leurs Magiſtrats, qui leur ont rendus de ſi bons & ſignalez offices, parmy les grandes afflictions dont ils eſtoient preſques accablez.

Messire François de Chaponay, Seigneur de Fesin, & de Bellegarde, Cheualier de l'Ordre du Roy, & Preuost des Marchands en la Ville de Lyon, s'estant retiré pour vn mois, en sa maison de Fesin, retourna pour continuer l'exercice de sa charge.

Noble Gonnin de Bourg, Bourgeois & Escheuin de la Ville de Lyon, fut visité en sa maison en la personne d'vn de ses seruiteurs, & en suitte contraint de se retirer aux champs, où ayant acheué sa quarantaine, reprit l'exercice de sa charge en la Ville.

Messire Benoist du Pommey, Seigneur de Rochefort, & la Forest, Cheualier, & Conseiller du Roy, apres auoir demeuré les quatre premiers mois que la maladie fit vn estrange dégast, voyant vn sien domestique atteint de cõtagion, quitta la Ville pour faire quarãtaine, le temps de laquelle expiré, il rentra sa maison pour s'employer courageusement à la

deli

deliurance de sa Patrie, par la continuation des bons offices qu'il luy a rendus.

Noble Iacques Prost, Conseiller du Roy, & son Aduocat en la Seneschaussée, & Siege Presidial à Lyon, Escheuin de ladite Ville, fut affligé au commencement du mal en la personne de Madamoiselle sa femme, qui en mourut: & partant fut obligé suiuant la loy ordinaire, de s'absenter quarante iours; mais ce terme accomply, il s'en retourna pour assister par son industrie & courage ses Concitoyens, qui trempoient dans la misere & malheur extreme.

Noble Charles Bayles, demeura seul durant quelque temps pour exercer sa charge d'Escheuin, & donner ordre aux affaires publiques en l'absence de ses Collegues.

Dépuis les Festes de Noël dernier, Noble Antoine Serres succeda à Monsieur de Bourg, & a exercé sa charge sans aucune interruption; comme aussi Noble

Noble Iean Yon, qui estoit vn des Commissaires de la Santé, & fut fait Escheuin en la place de Monsieur du Pomey.

Les noms des Commissaires de la Santé.

PVis que le sujet que ie traittois, m'a souuent porté à faire mention honorable des Commissaires, ou Deputez de la Santé : Ie m'asseure que plusieurs de ceux qui verront ce Narré, prẽdront plaisir de les cognoistre particulierement, & de sçauoir leurs noms. Ioint que, comme ainsi soit que les exẽples domestiques fassent de grandes impressions sur les esprits de ceux qui lisent les belles actions de leurs parens, amys ou Concitoyens ; les Lyonnois se sentiront puissamment enflammez à les imiter aux bons offices qu'ils ont rendus à leur Patrie. D'ailleurs, c'est la la maxime d'vn grand homme d'Estat, que tous ceux qui surmontent de grandes difficultez, des fatigues & trauaux infinis pour procurer le bien public, ou en empescher le mal, desirent l'approbation des gens de bien, & des personnes d'honneur, comme vne sorte de recompense deuë à leurs peines & exercices. Toutes ces considerations m'ont obligé à finir ce narré par le recit de leurs noms, suiuant l'ordre que i'ay remarqué aux Ordonnances imprimees.

Iean de Siluecane, Cõseiller du Roy en la Seneschaussée & Siege Presidial, garde des seaux en la Chancellerie Presidiale de Lyon, Pierre Mellier aussi Conseiller du Roy en ladite Seneschaussée & Siege Presidial dudit Lyon, Luc Deseue, Seigneur de Charly, Pancrace Marcelin, Docteur Medecin, François Mizauld, Iean Antoine de Codeuille, François Roy, Iean Yyon, qui est maintenant Escheuin, Armand Rochette, Maturin Coquel,

Coquel, Ianton Boniel, Ennemond Duplomb, & Barthelemy Ballet, Bourgeois.

F I N.

AVX COMMISSAIRES.

N'attẽduz-pas vn prix, égal à vos courages,
Aux dangers mesprisez, aux vices combattus,
Les hommes courageux, les iustes, & les sages
Ne treuuent rien çà bas, d'égal à leurs vertus.

Ad Præpositum Mercatorum, & Consules Lugdunenses.

GRande decus, Patriæ ardentes extinguere flammas,
Ignésque incensæ sistere posse Luis.
Quam mirum, nullis ardẽt cùm pabula flãmis,
Tam mirum, nulla cùm cadit ignis aqua.
Non caderet totis Rhodanique, Ararisque fluentis,
Quæ cecidit vestris flamma vorax geniis.
Sic quod non possunt duo flumina; quinque dederunt,
Lumina, quæ Patriæ Numina certa puto.

APPRO

APPROBATIONS.

LEs discours comprins & contenus en ce liure, intitulé, *Lyon affligé de Contagion, & deliuré du mal*, sont dignes d'estre imprimez pour la consolation de tout le monde. Fait à Lyon ce 17. Octobre, 1629.

Fr. ROBERT BERTHELOT,
Euesque de Damas.

CONSENTEMENT.

IE n'empesche pour le Roy que le liure intitulé, Lyon affligé de Contagion, & deliuré du mal, *composé par le R. P. Grillot de la Compagnie de* IESVS, *soit mis en lumiere, & imprimé par François de la Bottiere. Fait à Lyon ce 12. Octobre, 1619.*

PVGET.

PERMISSION.

IL est permis à François de la Bottiere, Libraire de ceste Ville d'imprimer le liure intitulé, *Lyon affligé de Contagion, & deliuré du mal*, composé par le R. P. Grillot de la Compagnie de IESVS, auec deffences en tel cas requises. A Lyon ce 17. Octobre, 1629.

DE CHAPONAY.

EXTRAICT DV PRIVILEGE DV ROY.

NOus Estienne Binet Prouincial de la Compagnie de IESVS en la Prouince de Lyon, suiuant le Priuilege donné à ladicte Compagnie, par les Rois Tres-Chrestien Henry III. du 10. May, 1688. Henry le Grand IV. de ce nom, du 20. Decembre, 1606. & Louys XIII. à present regnant, du 14. Feurier, 1611. par lequel il est deffendu à tous Libraires, d'imprimer, ou faire imprimer sans congé des Superieurs de ladite Compagnie les liures faits par ceux de ladite Compagnie. Permettons à François de la Bottiere, marchand Libraire dudit Lyon, de faire imprimer, & vendre le liure intitulé, *Lyon affligé de Contagion, & deliuré du mal*, composé par le R. P. IEAN GRILLOT de la mesme Compagnie, & ce pour le temps & terme de six ans prochains. Donné à Lyon, ce 8. d'Octobre, 1629.

ESTIENNE BINET.

www.ingramcontent.com/pod-product-compliance
Lightning Source LLC
LaVergne TN
LVHW020021170826
845678LV00001B/80
* 9 7 8 2 3 2 9 7 7 6 9 8 9 *